Lebensbilder von der Straße

Portraits von Menschen in Wohnungsnot

von Christian Schröder
und Wolfgang Kutta
mit Fotos von Guido Frebel

www.arm-in-bottrop.de

LEBENSBILDER VON DER STRASSE

Portraits von Menschen in Wohnungsnot

von Christian Schröder
und Wolfgang Kutta
mit Fotos von Guido Frebel

Evangelische Sozialberatung Bottrop
Hilfe für Menschen in Wohnungsnot

VORWORT

von Jan Orlt und Ulrich Schulte

Armut hat ein Gesicht, Hoffnung hat ein Gesicht und Aufbruch hat ein Gesicht.

In Nordrhein-Westfalen leben 15 Prozent der Menschen unterhalb der Armutsgrenze, hat uns der Landesarmutsbericht im vergangenen Jahr gesagt. Bestürzend, erschreckend, sage ich.

Ich vermute aber, es berührt nicht wirklich. 15 Prozent ist eine Zahl – zwar relativ, und wer 100 kennt, weiß, dass 15 viele sind – aber es ist eben eine Zahl. Ich kann mir Zahlen ganz schlecht merken. Aber ich kann mir Gesichter merken – mein Nachbar, meine Kollegen und Kolleginnen, die Frau an der Kasse.

Ich bin mir sicher, es würde mich berühren, wenn es diesen Menschen schlecht geht – es hat mich schon berührt! Es hat mich bestürzt, erschrocken, und ich hatte den Drang, etwas zu tun, Anteil zu nehmen, zu helfen, mich zu engagieren.

15 Prozent Armut in NRW. Dieses Buch macht für mich in wundervoller Weise aus dieser Zahl ein Gesicht, viele Gesichter. Ich kann bestürzt sein, ich kann mich erschrecken, und ich nehme Anteil. Vielleicht ist es noch ein zu großer Schritt, sofort etwas zu tun, sich zu engagieren. Aber ich weiß, wenn es mein Nachbar wäre, ich würde es tun…

Ich wünsche Ihnen bei der Betrachtung der Bilder und bei der Lektüre der Lebensgeschichten, dass Sie ein Stück Anteil nehmen und Armut in Zukunft mit einem Gesicht verbinden. Nein – ich bin mir eigentlich sicher, dass genau dies passieren wird.

Jan Orlt
Geschäftsführer des Westfälischen Herbergsverbandes e. V.

Ein Mensch sieht, was vor Augen ist; der Herr aber sieht das Herz an.

(Bibel: 1. Samuel 16,7c)

Im Bild zu sein und Gehör zu finden, ist für jene Menschen, die in diesem Buch zur Sprache kommen und ins Bild gerückt werden, nicht selbstverständlich. Dank des Engagements von Wolfgang Kutta und Christian Schröder – beide Mitarbeiter der Evangelischen Sozialberatung Bottrop (ESB) – und des Fotografen Guido Frebel sowie der Menschen, die uns einen Einblick in ihr Leben gestatten, ist dies möglich geworden. Durch die finanzielle Unterstützung der kirchlichen Stiftung „Stellwerk“ und des Westfälischen Herbergsverbandes konnte die Evangelische Kirche Bottrop die „Lebensbilder von der Straße“ als Buch herausgeben. Darüber bin ich froh!

Die hier portraitierten Menschen haben nach einer Zeit der Wohnungslosigkeit mit Hilfe der ESB wieder eine Wohnung gefunden. Sie konnten sich für dieses Buch in ihrem neuen Heim ins Bild setzten und aus ihrem Leben erzählen. So werden vor unserem inneren Auge bei der Lektüre dieses Buches Lebensbilder entstehen, die unser Herz anrühren. Und es werden Verständnis in Bezug auf das Leben der Portraitierten, Demut in Bezug auf unser eigenes Leben und Anfragen in Bezug auf gesellschaftliche Wertvorstellungen wachsen. Und das ist gut so!

Als Christen glauben wir, dass Gott liebevoll die Herzen der Menschen ansieht. Das sollte unsere Sicht auf die Menschen und ihr Leben prägen und unser Handeln beeinflussen. Als Kirche wollen wir deshalb einen Beitrag dazu leisten, Menschen von der Straße ins Bild zu rücken und zur Sprache kommen zu lassen. Sie sollen nicht vergessen sein!

Allen, die dazu beigetragen haben und noch beitragen werden, sage ich im Namen der Evangelischen Kirche in Bottrop herzlichen Dank! Und allen Leserinnen und Lesern wünsche ich nun eine „anrührende“ Lektüre!

Ulrich Schulte
Pfarrer und Vorsitzender der Evangelischen Kirche Bottrop

EINLEITUNG

von Christian Schröder und Wolfgang Kutta

Zahlreiche Vorurteile prägen unseren Blick auf Menschen, die auf der Straße leben. Schon unsere Sprache wertet sie ab und hält ausschließlich negative Begriffe für sie bereit: Habenichtse, Nichtsesshafte, Tippelbruder, Herumtreiber, Stromer, Stadtstreicher oder Penner. Im Amtsdeutsch heißen sie „Menschen ohne festen Wohnsitz".

Bei Wohnungslosen denken wir zumeist an Männer über 40, die in der Fußgängerzone betteln, betrunken auf öffentlichen Plätzen sitzen, Pfandflaschen sammeln oder in Mülltonnen nach Verwertbarem suchen. Doch Wohnungslosigkeit ist facettenreicher – sie hat viele Gesichter.

Männlich ist beispielsweise nur die langjährige Wohnungslosigkeit, während Frauen über kürzere Zeiträume ohne Obdach bleiben. Laut der Bundesarbeitsgemeinschaft Wohnungslosenhilfe (BAGW) – dem Dachverband der Wohnungslosenhilfe in Deutschland – ist in den vergangenen Jahren die Zahl der wohnungslosen Männer und Frauen zwar gesunken, der Anteil an jungen Wohnungslosen aber kontinuierlich gestiegen. Frauen machen nach Schätzungen der BAGW etwa ein Viertel der Wohnungslosen aus.

Wohnungslos ist, wer nicht über einen mietvertraglich abgesicherten Wohnraum verfügt: Dazu zählen Menschen, die ganz ohne Unterkunft auskommen müssen ebenso wie jene, die vorübergehend bei Verwandten, Freunden und Bekannten unterkommen oder jene, die sich in Heimen, Anstalten, Notübernachtungen, Asylen oder Frauenhäusern aufhalten. Der Verlust der Wohnung droht unmittelbar durch Mietschulden, Kündigung oder Räumungsklage. Aber auch Umstände wie die Gewalt des Partners treiben Menschen aus ihren vier Wänden. Mietschulden infolge zunehmender Verarmung sind inzwischen mit Abstand der häufigste formale Grund für den Wohnungsverlust.

Wohnungslosigkeit betrifft weitaus mehr Menschen als jene, die offensichtlich obdachlos sind. Ein schmaler Grat trennt den drohenden Wohnungsverlust, ein Leben in unzumutbaren Wohnverhältnissen und/oder extremer Armut von der Obdachlosigkeit. Und die Zahl der Wohnungslosen steigt wieder. Nachdem über Jahre immer weniger Menschen verzeichnet wurden, die auf der Straße leben, beobachten wir seit 2002 eine Trendwende. Am deutlichsten zeigt sie sich in den Großstädten. Für die Zeit nach der Einführung von Hartz IV liegen zwar noch keine Zahlen vor, aber schon 2006 waren nach Angaben der BAGW in Deutschland 254.000 Menschen wohnungslos. Weiteren 235.000 droht der unmittelbare Wohnungsverlust, veranschlagte die BAGW 2007. Diese Zahlen sind Schätzungen, da es auf Bundesebene keine offizielle Wohnungslosenstatistik gibt. Auch die Obdachlosenzählung in Nordrhein-Westfalen ist sehr ungenau.

Was diese Zahlen nicht ausdrücken können, sind die Erfahrungen von Menschen, die Wohnungslosigkeit, Armut und soziale Ausgrenzung erleben. Wohnungslosigkeit hat nicht nur viele Gesichter, sondern auch viele Geschichten.

Die Lebensgeschichten von Wohnungslosen sind vielseitiger, als Statistiken ausdrücken können. Und sie stellen unser gängiges Bild von Obdachlosigkeit infrage. Sie kann zahlreiche Ursachen haben. Ihre Triebfedern liegen im Wohnungs- und Arbeitsmarkt, an dem Menschen scheitern. Sie ist immer mit einem

persönlichen Schicksalsschlag verbunden: Jobverlust, Mietschulden und Zwangsräumung, Haft, Heimaufenthalte als Kind, Trennung vom Partner, der frühe Tod der Eltern oder des Partners, Krankheit und Sucht.

Die Biografien in diesem Buch zeigen, welch integrative Kraft ein Arbeitsplatz für den Großteil der älteren Wohnungslosen noch bis in die frühen achtziger Jahre hinein hatte. Diese Zeiten sind lange vorbei. Die Solidarität mit Schwächeren in der Gesellschaft und am Arbeitsplatz ist verschwunden, der Druck ist größer geworden. Nischen am Arbeitsmarkt fehlen und selbst Niedriglohnjobs, deren Einkommen zum Leben nicht reicht, sind oft unerreichbar. Heute bekommen Wohnungslose, wenn der Amtsarzt sie als „erwerbsfähig" einstuft, bestenfalls einen Ein-Euro-Job angeboten – meist noch nicht einmal den.

Am Wohnungsmarkt sieht es nicht viel besser aus. Kommunen heben die Mietpreisbindung auf und verkaufen ihren lokalen Wohnungsbestand an Großinvestoren. Erschwinglicher Wohnraum ist immer schwerer zu bekommen. Seit der Einführung von Hartz IV im Jahr 2005 haben viele Städte die Mietobergrenzen viel zu niedrig angesetzt. Die Mitarbeiterinnen und Mitarbeiter der neuen Arbeits- und Sozialverwaltung für Langezeitarbeitslose sind mit den Problemlagen von Wohnungslosen überfordert. Ein einklagbares Menschenrecht auf Wohnen ist dringend notwendig.

Doch Wohnungslose sind nicht nur Opfer ihrer Verhältnisse, sie handeln auch. Menschen in Wohnungsnot entwickeln sehr unterschiedliche Strategien, um ihre Situation zu bewältigen: Junge Wohnungslose leben oft jahrelang bei Freunden. Wohnungslose Frauen stürzen sich von einer Beziehung in die nächste, um nicht auf der Straße zu landen. Viele wohnen ihr Leben lang bei Familienmitgliedern – oft in beengten Wohnverhältnissen. Andere schaffen es, sich ein Leben lang durchzuwurschteln – äußerst prekär und immer absturzgefährdet.

Über einen Zeitraum von einem Jahr haben wir Menschen interviewt, die wohnungslos waren. Wir haben sie in ihrer neuen Bleibe besucht und in drei Bildmotiven fotografiert: im Türrahmen stehend, im Portrait und mit einem persönlichen Gegenstand, mit dem sie viel verbinden. In vielen Gesprächen haben wir sie zu ihrer Biografie, ihrem Weg in die Obdachlosigkeit, ihrer aktuellen Situation und zu ihren Lebensvorstellungen und Träumen befragt. Alle befragten Menschen kennen wir durch unsere Arbeit für Menschen in Wohnungsnot in der Evangelischen Sozialberatung Bottrop (ESB) und der Suppenküche Kolüsch. Alle ehemals wohnungslosen Menschen, die in diesem Buch vorgestellt werden, leben heute (wieder) in einer eigenen Wohnung. Dies zeigt, wie wichtig ein professionelles Angebot der Wohnungslosenhilfe ist.

Mit allen haben wir ihr Portrait besprochen und nach ihren Wünschen angepasst. Ein Teil der Fotos und Portraits finden sich mit zahlreichen weiteren Informationen auf unserer Internetplattform www.arm-in-bottrop.de.

Mehr zur ESB und zur Suppenküche Kolüsch finden Sie am Ende des Buches.

Christian Schröder und Wolfgang Kutta
Evangelische Sozialberatung Bottrop (ESB)

PORTRAITS

Menschen in Wohnungsnot

SIEGBERT

geb. 1945 in Bottrop

>> Nach der Volksschule habe ich Elektriker gelernt. Mit 18 bin ich nach Berlin abgehauen wegen der Bundeswehr. Die Feldjäger wollten mich holen. Aber ich wollte meine Freiheit. Die habe ich schon zuhause nicht gehabt. <<

Manchmal überkommt es ihn plötzlich. Dann überfällt eine tiefe Traurigkeit den kleinen hageren Mann, und er muss an seinen Sohn in den Niederlanden denken. Siegbert räuspert sich, streicht über seinen Walross-Schnauzer und lässt seine Gedanken in die Ferne schweifen. Und er überlegt, wie es heute sein könnte, wenn alles anders verlaufen wäre.

Siegbert mag die Niederlande. 1945 gegen Kriegsende in Bottrop geboren, ist er oft bei Verwandten im Nachbarland mit den Windmühlen und Tulpen. In Bottrop besucht er eine katholische Volksschule. Mit zwölf Jahren beginnt er, im Verein Fußball zu spielen. Er hat Talent und wird mit der A-Jugend sogar Westdeutscher Meister. 1959 beginnt er eine Lehre als Elektriker, schließt sie mit dem Gesellenbrief ab und arbeitet erst bei der Post, dann bei Elektro Herbst in Bottrop.

Während eines Verwandtschaftsbesuchs in Holland lernt er eine Frau kennen – sie wird schwanger, ein kleiner Junge kündigt sich an. Viel Verantwortung für einen 18-Jährigen, der überdies längst bei der Bundeswehr sein müsste. Zweimal wollte sie ihn schon einziehen. Als schließlich die Feldjäger vor der Tür seines Elternhauses stehen, haut er durch den Hinterausgang ab. Zusammen mit seinem Kumpel Henne flieht er zu dessen Bruder nach Berlin. Siegbert will seine jugendliche Freiheit genießen, die Enge des Elternhauses und die Anforderungen seiner holländischen Freundin hält er kaum aus. Die Vorstellung, den Drill in einer Bundeswehrkaserne ertragen zu müssen, ist ihm ein Gräuel. In Berlin arbeitet er als Elektriker, wohnt in einer Altbauwohnung im Alternativviertel Kreuzberg und genießt das Nachtleben in vollen Zügen.

Irgendwann hat er genug von den langen Nächten in Berlin und geht zurück nach Bottrop. Er arbeitet mal hier, mal dort, wochen- oder tageweise. Arbeit gibt es zu der Zeit genug. Nach einem Jahr zieht er nach Düsseldorf zu seiner Schwester, die dort Haushälterin ist. Siegbert gefällt es in der Landeshauptstadt. Er bleibt, lebt von Schwarzarbeit und dem, was eine Tante ihm gelegentlich zusteckt. Viel Zeit verbringt er in den Nachtbars im Bahnhofsviertel, wo er sich von Prostituierten aushalten lässt. Eine ganze Weile geht das gut mit Susi, Sissi und Renate. Siegbert spielt wieder Fußball – in einer Thekenmannschaft. Er erreicht zwar nicht annähernd seine alte Form, findet über den Sport aber einen Job bei Mannesmann.

Mit Anfang dreißig wirft ihn eine schwere Tuberkulose aus der Bahn. Lange Krankenhausaufenthalte, Operationen und Kuren bestimmen sein Leben für die nächsten fünf Jahre. Eine Seite der Lunge will nicht heilen, einen Teil nehmen ihm die Ärzte schließlich ganz raus. In der Klinik findet ihn die Bundeswehr, erkennt ihn aber bald als dienstuntauglich. Das Militär hat keine Verwendung mehr für ihn – ein Arbeitgeber aber auch nicht.

Nach Jahren der Krankheit zieht Siegbert 1985 zu einer alten Bekannten nach Bottrop. Sie arbeitet als Krankenschwester. Sie wird seine Lebensgefährtin. Siegbert will wieder im Arbeitsleben Fuß fassen, doch seine Versuche bleiben vergeblich. Gelegenheitsjobs und Arbeitsbeschaffungsmaßnahmen markieren seine letzten Aktivitäten auf dem Arbeitsmarkt. Der Alkohol übernimmt schleichend die Kontrolle über ihn. 1992 verbannt sie ihn aus ihrer Wohnung und aus ihrem Leben. Ihre Beziehung ist ein Auf und Ab gewesen. Zweimal haben sie sich verlobt, zweimal haben sie es wieder rückgängig gemacht. Jetzt ist Siegbert am Ende.

Als im November 1997 sein Vater Karl mit 75 Jahren stirbt, lebt Siegbert mit einem anderen Wohnungslosen in einer Holzbarackensiedlung aus den fünfziger Jahren. 1999 lässt die Stadt die Hütten abreißen, und die Beratungsstelle für Wohnungslose verschafft ihm eine Bleibe in einer alten Bergarbeitersiedlung in Bottrop-Eigen, in der er heute noch wohnt. Seine Ansprüche hat er immer weiter herunterschrauben müssen.

HAAS+SOHN

Gelegentlich trifft er sich mit seiner Tante, einer rüstigen alten Dame. Sein Bruder hat vor zwei Jahren eine Kneipe nahe der Innenstadt aufgemacht. Aber dahin geht Siegbert nicht – er kann sich die Kneipenabende nicht leisten. Auch seinen inzwischen 45-jährigen Sohn Johann sieht er höchstens einmal im Jahr. An wichtigen Feiertagen schreiben sie sich. Siegbert ist längst Opa zweier holländischer Jungs, hat seine Enkelkinder aber noch nie gesehen. Sie wohnen in einem kleinen Ort zwischen Utrecht und Amsterdam. Wenn Siegbert an seinen Sohn und seine Enkelkinder denkt, stockt ihm der Atem, und langsam kullern Tränen über seine Wangen. Was wäre gewesen, wenn …?

KLAUS-DIETER

geb. 1941 in Gelsenkirchen

>> Früher war ich Bergknappe, später habe ich mich im Akustikbau selbständig gemacht. Als ich 25 wurde, ging meine Ein-Mann-Firma Pleite. Ich hatte 100.000 DM Schulden. Zurückgezahlt hab ich die nie. Wer nix hat, kann auch nix bezahlen, war fortan mein Motto. <<

„Nix für ungut“, begrüßt er die drei Frauen vom Jugendamt. Sie haben in der Suppenküche Kolüsch die Plätze direkt neben ihm am Tisch eingenommen. Vorher hat der vom Alkohol gezeichnete ältere Mann noch schnell seine Haare gekämmt und sein abgetragenes Jackett glatt gestrichen. „Ich freu mich, dass ich mal wieder in so hübscher Gesellschaft essen darf“, sagt er charmant. Klaus-Dieter ist in seinem Element.

Geboren im November 1941, wächst Klaus-Dieter im Bottroper Stadtteil Eigen auf. 1956, als die Kohleförderung ihren Höhepunkt erreicht und knapp eine halbe Millionen Kumpel im Ruhrgebiet schuften, ist Klaus-Dieter 14 Jahre alt. Wie alle seine Mitschüler geht er in den Bergbau und legt drei Jahre später die Prüfung zum Bergknappen ab. Beim Militär wird er nach wenigen Tagen ausgemustert, weil sich herausstellt, dass er ein Magengeschwür hat und damit dienstuntauglich ist. Er arbeitet für zwei weitere Jahre unter Tage und muss mit ansehen, wie ein Arbeitskollege von einer Maschine zermalmt wird. Nach diesem Erlebnis kündigt Klaus-Dieter augenblicklich, um nie wieder im Bergbau zu arbeiten. Er verbringt einige Jahre als Helfer bei der Bäuerlichen Bezugs- und Absatzgenossenschaft, dann macht er sich im Akustikbau selbständig: Er zieht Trennwände ein, verkleidet Decken und setzt neue Türen ein.

Klaus-Dieter ist charmant und witzig, bei Frauen hat er gute Chancen. Mit 22 heiratet er die Schaufenstergestalterin Christa. Zusammen haben sie zwei Kinder: Mike kommt im Februar 1964, Anja fast auf den Tag genau drei Jahre später zur Welt. Doch Klaus-Dieter ist mehr Lebemann als braver Familienvater. Tagsüber arbeitet er, und wann er heimkommt, weiß man vorher selten, da er viele Abende mit Kollegen in der Kneipe verbringt. Gerade 25 Jahre alt, muss er Insolvenz anmelden. Seine Ein-Mann-Firma ist pleite und er hat 100.000 DM Schulden, die ihn bis an sein Lebensende begleiten werden. Als sich Christa 1974 von ihm trennt, kommen zu den zahlreichen Verpflichtungen gegenüber den Gläubigern noch die Unterhaltsforderungen der Familie. Das Sorgerecht für die Kinder erhält die Mutter.

Klaus-Dieter arbeitet ein paar Monate im Montagebau, doch seinen Lohn muss er fast vollständig abgeben. „Wer nichts hat, kann auch nichts bezahlen“, macht er fortan zu seinem Lebensmotto. Er jobbt nur noch schwarz und behält seinen kompletten Lohn: Er hilft beim Fischfang in Bremerhaven, bei der Ernte in Kirchhellen und renoviert Wohnungen in der Umgebung. 1981 heiratet er Hannelore, eine Kellnerin aus Bottrop. Kurz danach wird ihr gemeinsamer Sohn Pierre geboren. Doch auch die zweite Ehe hält nicht lange. Dank seines verschmitzten Lächelns liegen ihm die Frauen zu Füßen, und das nutzt er weidlich aus. Mehrmals jährlich fährt er ins spanische Lloret de Mar. Oft sind das spontane wochenlange Partyurlaube ohne Familie. Viele Jahre infolge besucht er den katalanischen Küstenort, der im Sommer vier Mal so viele Menschen beherbergt wie im Winter. Verpflichtungen glaubt Klaus-Dieter keine zu haben.

Seine dritte Ehefrau Inge, die er 1987 heiratet, sieht das anders und verlässt ihn nach sieben Jahren. Tochter Ilona nimmt sie mit. Klaus-Dieter heuert als Kellner für Busreisen an und kann so umsonst in die spanischen Touristenhochburgen fahren. Je nachdem, wie viel Geld er gerade hat, steigt er im Hotel oder in einer billigeren Pension über einer Bar ab. Sein Alkoholproblem wird mit den Jahren immer gravierender. In Spanien dreht Klaus-Dieter so richtig auf, jahrelang nimmt er jeden Sommerhit mit: 1983 feiert er zu „Vamos a la Playa“, 1989 schmeißt er sich bei „Lambada“ an eine Urlauberin aus Süddeutschland ran, und 1994 tanzt er im durchsichtigen Nylonhemd auf DJ Bobos „Everybody“.

Irgendwann ist Schluss. Die Sommer, in denen „Mambo N° 5“ und „Macarena“ rauf und runter gespielt werden, erlebt er nicht mehr im warmen Süden, sondern in Bottrop oder in der Klinik zur Entgiftung. Zur anschließend vorgesehenen Therapie

geht er nicht. Im Januar 1995 heiratet er seine vierte Ehefrau. Auch diese Ehe geht schnell in die Brüche, Klaus-Dieter lässt sich ein weiteres Mal scheiden. Der für Scheidungen zuständige Beamte auf dem Amtsgericht duzt ihn inzwischen. Mit jeder Trennung verliert Klaus-Dieter seine Wohnung und muss sich eine neue Unterkunft suchen. Zu seinen Ex-Frauen Christa, Hannelore und Ingrid hat er keinen Kontakt mehr, auch nicht zu seinen Kindern. Nur Monika wohnt direkt neben ihm im Haus, aber ihr Verhältnis ist alles andere als gut.

Mit dem Draufgängertum ist es vorbei, Klaus-Dieter ist alt geworden. Von seiner wilden Zeit sind ihm nur ein paar Fotos und eine Vorliebe für Sangría geblieben. Aber hin und wieder bezirzt er mit seiner charmanten Art noch die Damenwelt. So wie die Vertreterinnen vom Amt beim Mittagessen in der Suppenküche.

Hier feiern Weltmeister!

BIRGIT

geb. 1954 in Bockum-Hövel

>> Nach der Hauptschule wollte ich das Leben erst mal genießen. Das ging eine ganze Weile so, bis meine Eltern dafür sorgten, dass ich bei Siemens anfing. Aber nach vier Monaten musste ich wieder aufhören, weil ich allergischen Ausschlag bekam. <<

Den ganzen Tag schon starrt sie geistesabwesend auf den Fernseher. Gerade läuft Spiegel TV: „Auf Streife mit Kalle und Pitt". Aber Birgit ist unkonzentriert und achtet kaum auf die flackernden Bilder. Vor nicht ganz 24 Stunden hat die Doku-Soap „Menschen, Tiere und Doktoren" sie in tiefe Verwirrung gestürzt. In einem dort portraitierten Tierpfleger glaubt Birgit ihren Sohn erkannt zu haben. Einen Sohn, den sie nie wirklich gehabt hat.

Ihre ersten Lebensjahre verbringt Birgit in Bockum-Hövel, wo ihr Vater unter Tage im Bergwerk arbeitet. Als Birgit sieben Jahre alt ist, zieht die Familie nach Bottrop, wo der Vater einen neuen Job als Einzelhandelskaufmann angenommen hat. Jede freie Minute verbringt die Familie in ihrer Wochenendhütte in Greven im Münsterland. Nach der neunten Klasse schließt Birgit erfolgreich die Hauptschule ab. Jetzt will sie ihr Leben in vollen Zügen auskosten – die Ausbildung kann warten. Am liebsten verbringt sie die Zeit mit ihrer Clique im Stadtgarten, liegt im Gras, genießt die Sonne und trinkt Alkohol. Die Gruppe experimentiert mit Drogen, die meisten ihrer Freunde machen auch vor Heroin nicht halt. Birgit bleibt beim Alkohol, von dem sie allerdings gern mal zuviel trinkt. Den Eltern missfällt der Umgang ihrer Tochter. Eines Tages holt die Mutter ihre Tochter aus dem Park nach Hause. Doch alle Verbote können Birgit nicht von der Clique fernhalten.

Birgit beginnt bei Siemens in Gladbeck, muss nach vier Monaten aber aufhören, weil sie von der Arbeit allergischen Ausschlag bekommt. Mit 21 heiratet sie Hals über Kopf einen Chemiearbeiter und zieht mit ihm zusammen. Beide wollen fort vom Elternhaus. Mit ihrer Drogenclique hat er nichts zu tun. Doch von jeder Wechselschicht kommt er betrunken nach Hause, verprügelt und bedrängt sie. Nach zweieinhalb Jahren geht die Beziehung Mitte 1977 in die Brüche.

Birgit lernt einen Bottroper Autohändler kennen und zieht zu ihm. Drei Monate lang schlägt er sie fast täglich derart zusammen, dass sie sich kaum auf die Straße traut. An Sylvester 1977 reißt sie sich los und sucht stationären Schutz. Ihr Vater holt sie ab und bringt sie zu ihrer Schwester nach Marburg, die dort Lehramt studiert. Die Eltern hoffen, Birgit werde dort einen besseren Umgang finden. Zunächst kommt Birgit in der Wohngemeinschaft ihrer Schwester unter. Sie entdeckt eine vollkommen andere Welt: das studentische Milieu. Es gefällt ihr nicht. Nach einer Weile verschafft ihr die Schwester eine kleine Wohnung, und Birgit beantragt Sozialhilfe. Auf Vermittlung des Arbeitsamtes nimmt sie eine Arbeit an und bedient eine Weile in einer Kaserne des US-Militärs am Rande der Stadt. Doch der Job erweist sich als zu stressig, Birgit wechselt in eine kleine Trinkhalle, wo sie auch nur ein paar Wochen bleibt. Birgit glaubt, ihre Bottroper Drogenclique und gewalttätigen Lebenspartner weit hinter sich gelassen zu haben, doch dann lernt sie einen neuen Mann kennen. Er entpuppt sich als Drogendealer, und bald gleicht Birgits neuer Freundeskreis dem in Bottrop auf's Haar. Sie heiraten, obwohl Birgits Mann das Heroin, das er verkauft, auch selbst konsumiert. Birgit will von Heroin nichts wissen, sie bleibt dem Alkohol treu.

Ein Drogendealer lebt gefährlich, und als ihm die Luft in Marburg zu dünn wird, ziehen sie nach Greven, wo sie von Sozialhilfe leben. Sie bekommen eine Tochter, Steffi, doch Birgits Mann gefällt es in der münsterländischen Kleinstadt nicht. Schließlich gibt sie seinem Drängen nach und geht mit ihm zurück nach Hessen. Sie ziehen in eine Drogen-WG in Rauschenberg, einer 5.000-Seelen-Gemeinde 20 Kilometer nordöstlich von Marburg. Während eines Gewaltexzesses im Vollrausch rastet ihr Mann aus und bricht Birgit den Arm. Sie beschließt, die schon lange kriselnde Beziehung zu beenden. Ihr Vater kommt erneut herbeigeeilt und nimmt Mutter und Kind mit nach Bottrop. Birgits Eltern nehmen Steffi zu sich und ziehen sie künftig auf.

Kurze Zeit später auf der Hochzeitsfeier ihrer Schwester in Marburg kommt es zum Eklat: Ihr Ex-Mann taucht überraschend

auf, randaliert auf dem Fest und schmeißt das Buffet um. Er will seine Tochter sehen. Sie werden ihn nur mit Mühe wieder los.

Wieder in Bottrop findet Birgit schnell zu ihrer alten Clique zurück. Ihre Jugendfreunde haben sich kaum verändert, nur die Menge der konsumierten Drogen ist größer geworden. Inzwischen haben fast alle Erfahrungen mit dem Gefängnis gesammelt. 1982 lernt sie Wilhelm in einer Spelunke kennen, zwei Jahre später kommt ihr Sohn Christian zur Welt. Kurz vor der Geburt des Sohnes verlässt Wilhelm sie wegen einer anderen Frau. Birgit und Christian gehen aus dem Krankenhaus direkt in ein Mutter-Kind-Heim.

Birgits Leben findet weiterhin vor allem auf Partys statt. In der gleichen heruntergekommen Spelunke, in der sie Wilhelm begegnet ist, lernt die zweifache Mutter kurz darauf auch ihren neuen Partner Helmut kennen. Sie will ausprobieren, ob sie mit ihm leben kann und zieht für zwei Wochen zu ihm – ohne ihren Sohn. Während Christian in einer Pflegefamilie aufwächst, zeugen Helmut und Birgit zwei weitere Söhne: Andreas und Daniel. Beide gibt sie zur Adoption frei. Auch Helmut ist gewalttätig, wenn er volltrunken ist, aber sie erträgt ihn.

1994 wird sie von einem Hund angegriffen, das Tier zerfleischt ihren Kiefer regelrecht. Birgit trägt große Narben am Kinn davon. Mit den 20.000 DM Schmerzensgeld will sie noch einmal die Unbeschwertheit ihrer Kindheit erleben und zieht für einen Sommer auf den Dauercampingplatz, wo sie in jungen Jahren oft den Sommer verbracht hat. Birgit verlebt die warme Jahreszeit im Zelt, die Wochenendhütte haben ihre Eltern schon vor Jahren verkauft. Ihre Clique aus Bottrop begleitet sie. Stolze 5.000 DM gibt sie innerhalb der ersten fünf Wochen in der nahen Kneipe aus, den Rest im Laufe des Sommers. Mit Herbstbeginn gehen Birgit und ihre Clique zurück nach Bottrop.

Kurz darauf sterben ihre Eltern. Auch das Erbe ist schnell ausgegeben. Unterdessen geht es mit der Clique bergab. Eine

Freundin setzt sich mit gerade 40 Jahren den Goldenen Schuss und stirbt vor Birgits Augen. Sie soll nicht das letzte Opfer bleiben. Auch Helmut, der Vater ihrer beiden Söhne, stirbt 2002, zwei Jahre nach ihrer Trennung, an einer Überdosis Heroin. Birgit ist völlig am Ende, sie bricht den Kontakt zu den anderen ab und zieht in eine eigene Wohnung – weg von ihren gemeinsamen Treffpunkten.

Nur zu ihrer Tochter hält Birgit Kontakt. Auch sie hat das Leben auf der Straße kennengelernt und findet zuweilen bei ihrer Mutter ein Obdach. Ihre Söhne aber hat Birgit nie wieder gesehen. Das verfolgt sie als ständig wiederkehrender quälender Albtraum: Es klingelt. Sie öffnet. Drei junge Männer stehen vor ihrer Wohnungstür. Es sind ihre Söhne, die ihr Vorwürfe machen: Warum hat sie ihre drei Kinder weggegeben? Was ist denn das für eine Mutter?

ERICH

geb. 1947 in Bottrop

>> Ich bediene leidenschaftlich gerne. Anfang der sechziger Jahre hab ich Kellner im Forsthaus Specht gelernt. Ich war Ober im Overbeckshof im Bottroper Stadtgarten, im Erste-Klasse-Restaurant im Essener Hauptbahnhof und im Haus Hubertus am Ostfriedhof in Gladbeck. Dann war ich eine Zeit lang Revisor bei Siemens und 13 Jahre lang Umzugshelfer. <<

„Erich! Ist noch Suppe da? Ich hätte gern Nachschlag“, ruft jemand vom letzten Tisch im Speisesaal in Richtung Küche. Erich dreht sich um, nimmt Suppenschüssel und Kelle und macht sich auf den Weg. Blütenweiße Kochjacke mit roten Knöpfen und dazu die passende rote Schürze, so kennen ihn die Gäste der Suppenküche Kolüsch seit 15 Jahren. So lange schon serviert der 60-Jährige jedes Jahr in der kalten Zeit Mahlzeiten für Wohnungslose und Arme. Es ist ein anstrengender Job, den Erich hier ausübt. Beim Servieren macht ihm niemand etwas vor. Erich ist Kellner gewesen, vor Jahren, in einem anderen Leben.

Anfang der sechziger Jahre beginnt der zweitälteste Sohn eines Bergmanns eine Ausbildung im Forsthaus Specht an der Landstraße zwischen Bottrop und Kirchhellen. Der 14-Jährige arbeitet sieben Tage die Woche, mindestens zehn Stunden täglich im Gasthaus. Auch nach der Berufsschule muss er noch ins Restaurant. Ein Knochenjob. Aber die Familie ist heilfroh, dass noch jemand Geld nach Hause bringt. Die Mutter hat viele Münder zu stopfen; 14 Kinder leben gemeinsam mit den Eltern in der kleinen Zechenhauswohnung auf engstem Raum. Erich bekommt als Einziger ein eigenes Zimmer.

Als der Bergmannsohn 1965 seine Lehre abgeschlossen hat, übernimmt ein neuer Besitzer das Forsthaus Specht, und Erich muss gehen. Er findet eine neue Stelle mit noch härterer Arbeit, jede Schicht dauert zwölf Stunden und mehr. Vier Jahre erträgt Erich die Belastung, bis er im Erste-Klasse-Restaurant des Essener Hauptbahnhofs eine bessere Stelle findet. Hier sind die Arbeitszeiten angenehmer, es gibt mehr Ruhepausen. Doch nach drei Jahren ist Schluss.

In der Zwischenzeit hat Erich seine Liebe kennengelernt, das beengte Elternhaus verlassen und ist mit ihr zusammengezogen. Sie sind ein glückliches Paar. Erich will heiraten. Sie sagt Nein, ihre erste Ehe liegt nicht lang zurück, aus ihr bringt sie zwei Kinder in die neue Beziehung. Viel Zeit bleibt den jung Verliebten nicht für einander, Erichs Arbeitstag dauert lang und fordert ihn sehr. Er sucht eine weniger anstrengende Stelle und wird Prüfer bei Siemens. Spaß macht ihm das nicht. Drei Jahre lang überprüft er Telefonkontakte auf ihre Funktionstüchtigkeit, bis er an einer Entzündung der Bauchspeicheldrüse erkrankt und für längere Zeit ausfällt. Wieder genesen, fängt er bei einer Umzugsfirma an, bei der er bis 1987 arbeitet. In diesem Jahr erkrankt seine Lebensgefährtin schwer und braucht seine Pflege; Erich meldet sich arbeitslos. Doch kurz danach endet die langjährige Beziehung.

Kurz darauf zieht Erich mit fast 40 Jahren zurück zu seiner Mutter. Das Elternhaus ist viel ruhiger als in früheren Zeiten. Der Vater ist gestorben und fast alle Geschwister sind ausgezogen. Als drei Jahre darauf auch die Mutter stirbt, müssen die verbliebenen Geschwister das Haus verlassen. Erich zieht für fünf Jahre zu seiner Schwester Hermine und hilft ihr im Haushalt und mit den Kindern. Sie kann Hilfe gut gebrauchen: Die beiden alleinerziehenden Töchter gehen ein und aus, und die vier vaterlosen Enkelkinder müssen versorgt werden. Von Erich unbemerkt stirbt in dieser Zeit seine langjährige Lebensgefährtin. Seit ihrer Trennung haben sie kein Wort mehr gewechselt.

Dauerhaft wird es in der Wohnung der Schwester zu eng. Und Erichs hoher Alkoholkonsum belastet das ohnehin nicht konfliktfreie Verhältnis zu Hermine schwer. Mitte der neunziger Jahre zieht Erich aus. Prekär ist seine Lage schon immer gewesen, und jetzt gibt es niemanden mehr, der ihn auffangen könnte. So verschlägt es ihn in eine Holzbarackensiedlung für Obdachlose.

Dort findet er eines Tages seinen Zimmernachbarn regungslos auf. Der Mann hat sich zu Tode getrunken und liegt schon drei Tage in seinem Zimmer. Erich hält es nicht mehr aus und bezieht eine kleine Wohnung, die er wegen Mietschulden bald wieder verlassen muss. Noch zwei weitere Male findet er Mitbewohner in einer Obdachlosen-WG tot auf.

Heute blickt Erich auf 20 Jahre ohne bezahlte Arbeit zurück. Aber untätig ist er keineswegs: Seit 15 Jahren arbeitet er ehrenamtlich in der Suppenküche Kolüsch in Bottrop. Die Helfer und die vielen Gäste schätzen Erich. Am liebsten kellnert er, aber auch für alle anderen Arbeiten ist er sich nicht zu schade. Jeden Winter ist er dort „Mädchen für alles". Wie sehr Erich an „seiner" Suppenküche hängt, sieht man in seiner Wohnung. In seinem jetzigen WG-Zimmer hat er alle Kolüsch-Speisekarten seit 1997 gesammelt. Mehrfach ist er für sein Engagement ausgezeichnet worden. Zuletzt kürten ihn die Leserinnen und Leser der Westdeutschen Allgemeinen Zeitung in Bottrop zum „Held im Alltag".

LOTHAR

geb. 1956 in Essen

>> Nach der siebten Klasse bin ich von der Hauptschule ab. Die Lehre zum Autoschlosser habe ich geschmissen. Vier Jahre habe ich bei Thyssen malocht, dann in einer Schrauberklitsche. Arbeit war nicht so wichtig. Es waren wilde Zeiten. <<

Schweigend sitzt Lothar auf seiner Couch und blättert in einem alten vergilbten Fotoalbum. Viele Bilder sind beschädigt, etliche nicht eingeklebt. Oft nimmt der 51-Jährige das Album zur Hand und erinnert sich wehmütig an vergangene Zeiten und alte Freunde. Ab und zu kullert eine Träne über seine Wange und tropft auf die abgetragene schwarze Lederweste. Lothar zieht sein gewohntes Käppi ab und wischt mit dem Ärmel über die Augen. Für einen Augenblick sieht man seine sonst sorgsam verborgene Halbglatze über der wallenden Mähne. Er seufzt lautlos in seinen ausladenden Vollbart.

Die Fotos haben einmal seinem besten Kumpel Mickey gehört. Kurz nach dessen Tod im November 2001 holt Lothar das Album aus dem Campinganhänger, der seinem Freund zehn Jahre als Wohnung gedient hat. Wenig später zünden Jugendliche den Wagen an. Auch Lothar hat dort eine Weile gelebt, Mitte der neunziger Jahre, zusammen mit den Schäferhunden Eika und Asko und zeitweise mit Günther, einem Bekannten. Vergessen wird er die Jahre mit Mickey niemals. Genauso wenig ihre gemeinsame Jugendzeit, die sie für immer zusammengeschweißt hat.

Anfang der siebziger Jahre in Essen: Lothar schmeißt nach der siebten Klasse die Hauptschule und beginnt eine Ausbildung zum Autoschlosser. Das ist 1970 bei Jungen begehrt, dennoch nimmt die Werkstatt den 14-Jährigen auch ohne Schulabschluss. Bei den Autos hält es Lothar nicht lange, er bricht die Lehre ab und arbeitet vier Jahre bei Thyssen Niederrhein. Es ist das Jahrzehnt der Hippiebewegung, Lothar und sein Freund Mickey sind dabei. Sie kennen sich noch aus der Schule. Jetzt genießen sie gemeinsam Partys, Alkohol und Drogen. Mit der Gitarre im Gepäck bereisen sie die Welt. In Mickeys Album kann man ihre Stationen nachverfolgen: Die Hippie-Clique musizierend auf einem Friedhof in Bottrop; beim Trampen an einer Autobahnraststätte; in einer Londoner Abrissbude, wo sie mehr hausen als wohnen; in einem Amsterdamer Coffeeshop; nackt badend am Zürcher See. Mickey lebt ein Jahr auf einem Hausboot in Amsterdam, drei Jahre im indischen Goa, dem Mekka der Hippieszene. Ganz so weit kommt Lothar nicht. Die Lebenswege der beiden trennen sich für eine Weile.

Lothars Dasein verläuft bürgerlicher: Im Mai 1975 heiratet er Gabriele, die er aus der Clique kennt und mit der er schon seit drei Jahren zusammen ist. Die ersten Jahre leben sie gemeinsam in der Wohnung ihrer Eltern. Das bekommt ihrer jungen Ehe nicht gut. In der eigenen Wohnung leben sie sich dann endgültig auseinander. Der angelernte Autoschlosser werkelt bis spät abends in einer kleinen Autowerkstatt, sie als Bürokauffrau. Zudem säuft Lothar. Er hat schon immer viel getrunken, jetzt wird er maßlos. Ohne eine Flasche Asbach vor der Arbeit geht schon morgens nichts mehr. Den Wochenlohn, am Freitag ausgezahlt, setzt er bis Montag in Alkohol um. Regelmäßig muss er den Chef um einen Vorschuss bitten. Nach sechs Jahren geht die Ehe schließlich 1981 in die Brüche.

Lothar heuert auf Baustellen an. Die Werktage verbringt er auf Montage in Warendorf, Münster oder Frankfurt, am Wochenende zieht es ihn in die Heimatstadt. Eine Wohnung hat er nicht. Für zwei Nächte reicht eine Pension – oder gleich die Kneipe. Lange geht das nicht gut. Lothar verliert 1982 seinen Job, macht zwei Jahre lang Platte und zieht dann zu seinem Saufkumpanen, der ein Haus geerbt hat. Dann passiert „das große Unglück“, wie Lothar es nennt: Als sein 38-jähriger Freund und Vermieter im Vollrausch wieder einmal seine Frau und den achtjährigen Sohn verprügeln will, geht Lothar dazwischen. Viel zu oft hat er in dieser Situation geschwiegen, jetzt verteidigt er beide vor den Schlägen des Angreifers. Es kommt zu einer Rangelei – mit tödlichem Ausgang, der Gewalttäter stirbt. Die Staatsanwaltschaft befindet auf Nothilfe und erhebt keine Anklage. Aber Lothar verkraftet das alles nicht. Er lässt sich treiben, verliert sich im Alkohol,

FC Schalke 04
ESTABLISHED 1904
FC Schalke 04
ESTABLISHED 1904
Saison
1998/99
Kleeblätter wieder da!

macht wieder Platte und schläft unter der Eisenbahnbrücke am Oberhausener Hauptbahnhof.

Dann trifft er Mickey wieder. Sein Hippiekumpel ist inzwischen zurückgekehrt und wohnt in einer kleinen Wohnung in der Oberhausener Innenstadt. Lothar zieht bei ihm ein. Das vergilbte Fotoalbum zeigt beide wieder vereint, wie sie in Mickeys Zuhause Party machen. Im Februar 1995 wird die Wohnung von der Polizei geräumt. Von ihren Einkünften haben sie nicht die Miete gezahlt, sondern sie auf ausgiebigen Zechtouren in Flüssiges umgesetzt. Nach vergeblicher Wohnungssuche ziehen sie in einen alten Wohnwagen. Das Geld dafür schwatzt Mickey seiner steinalten Tante Johanna ab. Erst steht der Anhänger auf dem Garagenhof einer Wohngruppe für Wohnungslose, später lassen sie ihn in Spuckweite des Bottroper Hauptbahnhofs ziehen.

Mickey stirbt plötzlich und unerwartet im November 2001. Über seinen Tod kommt Lothar kaum hinweg. Er glaubt, dass Mickey aufgegeben hatte, nicht weiterleben mochte. Asko, den Schäferhund des Freundes, möchte Lothar behalten. Aber das alte, kranke Tier muss eingeschläfert werden. Ohne Herrchen hat es keinen Lebenswillen mehr. Lothar bleiben von Mickey nur das Fotoalbum und ein Hut.

Über sein Arbeitsleben spricht Lothar nicht, schließlich hat er seit langem keines mehr. Er wohnt jetzt über der Eckkneipe „Zum Schalker Willi“. Zwar ist Lothar Schalkefan und hasst „Rot-Weiß-Essen wie die Pest“, mit dem Wirt kriegt er sich trotzdem ständig in die Haare. Seine Dachgeschosswohnung ist voll gestopft mit Erinnerungsstücken: Indianerschmuck, Tierfelle,

Piratenflagge, Che Guevara-Poster und Buddhastatuen schmücken das Wohnzimmer. Zwei riesige Traumfänger verdecken die Fenster. Es fällt ihm schwer, von alten Zeiten Abschied zu nehmen. Lothar zehrt von den Erfahrungen, von dem Leben in jungen Jahren. Oft denkt er an seine Kumpels von damals. Die meisten sind wie Mickey schon gestorben.

ERNA

geb. 1954 in Bottrop

>> Wir waren acht Geschwister, zuhause war immer Tohuwabohu. Bis das Jugendamt uns alle in Kinderheime in der Umgebung steckte. Ich kam mit meiner Schwester nach Borken. Es war furchtbar. <<

Ein metallisches Klacken erfüllt den Raum. Eifrig tippt die gepflegte Mittfünfzigerin auf ihrer uralten Schreibmaschine: „Sehr geehrter Herr Staatsanwalt, leider schaffe ich es nicht, meine Geldstrafe abzuarbeiten. Ich halte diese Tätigkeit psychisch nicht durch. Ich würde gern wieder zu einer Geldstrafe zurückkehren. Geht das?" Erst vor kurzem hat Erna ihre Strafe wegen Beamtenbeleidigung in Sozialstunden umwandeln lassen. 250 Euro soll sie zahlen. Geld, das sie nicht hat.

Erna wird im August 1954 geboren. Die Familienverhältnisse sind instabil und das Jugendamt weist die acht Kinder eins nach dem anderen in Kinderheime in der Umgebung ein. Auch Erna muss mit neun Jahren gemeinsam mit ihrer Schwester in ein Heim im Kreis Borken ziehen. Dort herrschen Zucht und Ordnung. Gleich bei der Ankunft werden den Kindern die Haare kurz geschnitten. Auf kleinere Verstöße gegen die Hausordnung stehen Schläge, bei größeren werden die Kinder über Nacht in einen kleinen Kellerraum eingeschlossen. Erna fühlt sich in dem Heim eingesperrt, einsam und erniedrigt. Verzweifelt schreibt sie Briefe an ihre Mutter und bittet, sie nach Hause zu holen. Erna erhält nie eine Antwort. Sie weiß weder, ob die Briefe ankommen, noch, ob ihre Mutter sich überhaupt für sie interessiert.

In der Dorfschule haben die Mädchen aus dem Heim einen schweren Stand, sie werden gehänselt und beschimpft. Nach qualvollen Jahren in Borken kehren sie und ihre Schwester zurück zur Mutter nach Bottrop. Die Lage der Familie hat sich zu diesem Zeitpunkt etwas verbessert – auch finanziell. Ein frühzeitig verstorbener Onkel hat ihnen fast 100.000 DM hinterlassen. Die Mutter nimmt das Geld an sich, Erna bekommt seine Schreibmaschine. Den Hauptschulabschluss nach der zehnten Klasse schafft sie ohne größere Probleme. Doch die Mutter will nicht, dass Erna eine Lehrstelle sucht, sondern hofft, sie werde einen gut verdienenden Mann heiraten. Zunächst aber benötigt die Familie Geld für den Lebensunterhalt, denn die Erbschaft ist mittlerweile ausgegeben. Also beginnt die 15-jährige Erna als Hilfsarbeiterin in der Essener Kammgarnspinnerei Scheidt. Nach drei Jahren wechselt sie zu Siemens in Gladbeck. Dort werden im Schichtdienst Elektromotoren gefertigt – in der Mehrzahl von Frauen.

In der Fabrik lernt sie einen acht Jahre älteren Mann kennen, der ihr aufwendig den Hof macht. 1973 heiraten sie, und ein Jahr später bringt Erna ihren Sohn Michelle zur Welt. Sie hofft, das Kind werde die noch junge Familie zusammenschweißen und ihr den nötigen Halt geben. Denn die Beziehung kriselt bereits: Der Alkoholkonsum und die Gewalttätigkeiten des Ehemannes nehmen ständig zu. Die Ehe ist schon gescheitert, bevor sie richtig begonnen hat. Trotzdem versöhnen sich Erna und ihr Mann immer wieder. Nach jeder Krise gelobt er Besserung und verspricht, vom Alkohol zu lassen. Michelle geben sie mit neun Monaten zur Adoption frei.

1977 entbindet sie ihren zweiten Sohn Marco. Bei der Geburt kommt es zu Komplikationen, und Erna fällt ins Koma. Die Ärzte haben wenig Hoffnung. Doch nach drei Monaten erwacht sie aus der Bewusstlosigkeit. Obwohl sie nur noch 48 Kilo auf die Waage bringt, erholt sie sich körperlich wieder völlig. Doch psychisch ist Erna am Ende. Nach heftigen Auseinandersetzungen mit ihrem Ehemann verlässt sie ihn und zieht in eine eigene Wohnung. Der jüngere Sohn ist mittlerweile bei Pflegeeltern untergebracht, die ihn später adoptieren. Der Ältere lebt schon seit längerer Zeit im Kinderheim.

Erna versucht einen Neuanfang, findet Arbeit in einem Restaurant und geht eine neue Beziehung ein, die fast neun Jahre hält. Der Mann, ein selbsternannter Künstler, lässt sich von Erna aushalten. Zeiten der Arbeitslosigkeit überbrücken die beiden mit Sozialhilfe. Doch die Gelegenheitsjobs werden immer

seltener, und Erna fühlt sich allein gelassen. Zum Aufbau einer neuen Familie mit Kindern ist sie nicht in der Lage, ihr Traum von einer normalen Familie verblasst mit der Zeit. Entmutigt und enttäuscht verlässt sie ihren Lebensgefährten und lebt von nun an allein. Sie beginnt eine Umschulung zur Altenpflegehelferin und arbeitet längere Zeit in diesem Beruf. Doch den hohen Anforderungen und Belastungen ist sie auf Dauer nicht gewachsen.

Zu ihrer Mutter hat sie kaum noch Kontakt. Dafür trifft sie ihren Sohn Marco wieder. Er ist 18, hat gerade das Heim verlassen, ist obdachlos und braucht eine Unterkunft. Erna nimmt ihn für ein paar Tage auf. Aus Tagen werden Wochen und Monate. Täglich streiten sie über Geld, sein Verhalten und seinen Alkoholkonsum. Ohne ein Wort verschwindet er eines Tages.

Nun sind sie wieder zu zweit in der kleinen Wohnung. Denn als Marco bei seiner Mutter einzieht, ist Erna frisch verliebt: Eines Tages sitzt sie auf den Stufen vor einer Pommesbude, als ein Fahrradfahrer beinahe über ihre Beine rast. Erna beschimpft den jungen Mann – der läuft ihr nach und erweist sich als äußerst liebenswürdig. Prompt verliebt sie sich in den 20 Jahre jüngeren Mann aus Kasachstan. Igors Eltern haben ihn vor die Tür gesetzt, weil er Drogen nimmt, bei Erna findet er ein Obdach. Doch seine Heroinsucht bestimmt sein Leben immer mehr und verändert ihn stark. Aus einem freundlichen und zuvorkommenden jungen Mann wird, sobald er auf Entzug ist, ein unkontrollierbarer und aggressiver Abhängiger, der keine Rücksicht kennt. Er zerschlägt die Fensterscheiben und tritt die Türen ihrer Wohnung ein. Nachbarschaft und Vermieter sind von diesen Eskapaden so genervt, dass Erna die fristlose Kündigung erhält. Sie müssen sich um eine neue Bleibe kümmern. Auf dem Wohnungsmarkt haben Erna und Igor kaum Chancen, sie stehen am Rande der Obdachlosigkeit. Sie sind bis heute ein Paar.

Erna wartet auf Post vom Staatsanwalt. Sie will jene Nacht möglichst schnell vergessen, in der sie sich den Strafbefehl eingehandelt hat. Betrunken ist sie auf dem Weg nach Hause aus einem Bus gestürzt. Verletzt hat sie sich zwar nicht, ist aber in der Ausnüchterungszelle aufgewacht. Vorher soll Erna eine junge Polizistin beleidigt haben. Aber daran erinnert sie sich nicht mehr.

KLAUS

geb. 1969 in Bottrop

>> Seit meiner Geburt ist mein rechter Arm spastisch gelähmt. Meine Mitschüler hänselten mich deswegen und gaben mir den Spitznamen „Kralle“. <<

Endlich ist es geklärt. Nach wochenlanger Suche hat Klaus einen Platz für seinen Hund gefunden. Die Nachbarin nimmt ihn auf, solange sein Herrchen fort ist. Jetzt kann Klaus seine dreimonatige Haftstrafe antreten.

Im September 1969 erblickt Klaus das Licht der Welt. Die Familienverhältnisse sind stabil, neben den Eltern Bernhard und Elisabeth wartet ein sieben Jahre altes Mädchen auf den kleinen Bruder. Doch bei seiner Geburt kommt es zu Komplikationen. Kurzzeitig wird die Sauerstoffversorgung über die Nabelschnur unterbrochen. Klaus erleidet eine frühkindliche Hirnschädigung, und wird mit einem spastisch gelähmten rechten Arm geboren. „Grad der Behinderung: 80“ wird später in seinem Schwerbehindertenausweis stehen. Ansonsten geht es ihm gut. Seine Eltern sind überglücklich.

Klaus besucht die Grundschule, die Realschule und später das Schulzentrum Brauck in Gladbeck. Wegen seines Arms rufen die Mitschüler ihn „Kralle“ und hänseln ihn. Klaus erlangt die Fachoberschulreife, schließt ein Berufsgrundschuljahr der Agrarwirtschaft an und beginnt anschließend eine Ausbildung zum Landschaftsgärtner.

Dann überstürzt sich alles: Noch während der Lehre muss er wegen eines Bandscheibenvorfalls operiert werden und kann die Ausbildung nicht abschließen. Plötzlich stirbt sein Vater, und seine Mutter trifft ein derart schwerer Schlaganfall, dass sie in ein Pflegeheim umziehen muss. Klaus lebt auf einmal allein in der Wohnung, in der er die vergangenen 24 Jahre mit seinen Eltern gewohnt hat. Seine Schwester ist schon vor Jahren ausgezogen.

Das Drei-Familienhaus, in dem sich die Wohnung befindet, gehört den Eltern. Klaus wird zwar nicht mittellos – aber der plötzliche Verlust seiner Eltern hat ihn schwer getroffen. Sein Leben ist völlig durcheinander geworfen. Er versucht, seine Trauer mit Müßiggang, Partys und Drogenexperimenten zu verdrängen. Erst greift er nur zu Marihuana und Tabletten, später auch zu Kokain und Heroin. Seinen Lebensunterhalt bestreitet er mit den eingehenden Mieten. Leichter lässt es sich nicht leben, zumal das Geld anfänglich auch für Drogen reicht. Irgendwann aber genügen die Mieten nicht mehr für seinen Lebenswandel. Klaus wirtschaftet das Haus herunter, bis es zwangsversteigert werden muss, um die Pflegeeinrichtung der Mutter zu bezahlen. Klaus bleiben noch 15.000 Euro. Seine Schwester bekommt nur wenig mehr, seitdem spricht sie nicht mehr mit ihm. Klaus bezieht seine erste eigene Wohnung und verprasst das Geld. Einen Job hat er nicht.

Irgendwann entwickelt er die fixe Idee, in Italien zu arbeiten. Doch das Abenteuer endet bereits hinter der Schweizer Grenze. Dort verbringt er ziellos drei Monate, bis das Geld aufgebraucht ist. Dann kehrt er zurück nach Bottrop. Seine Wohnung ist in der Zwischenzeit zwangsgeräumt worden, weil er die Miete nicht bezahlt hat. Klaus steht ohne Obdach und ohne Habe auf der Straße. Er verbringt seine Tage in einem evangelischen Jugendhaus – und, nachdem er sich heimlich eine Kopie des Hausschlüssels hat anfertigen lassen, auch die Nächte. Dort schläft er einige Wochen in einer kleinen Kammer, bis er eines Tages entdeckt wird. Klaus wird in eine Wohngruppe für Obdachlose vermittelt. Er beantragt Sozialhilfe und belegt ab 1997 eine zweijährige ABM beim Grünflächenamt der Stadt Bottrop. Wieder wird er von den Kollegen wegen seiner „Kralle“ gehänselt. Seine Mutter ist unterdessen an den Folgen des Schlaganfalls gestorben.

Doch dann schöpft Klaus Hoffnung. Er lernt eine Frau kennen und verliebt sich. Bald ziehen sie zusammen. Endlich gibt es einen Menschen, der Klaus so akzeptiert, wie er ist. Um ihretwillen schränkt er seinen Drogenkonsum ein. Eine ganze Zeit lang geht es ihm immer besser. Doch dann scheitert die Beziehung, weil er von den Drogen nicht lassen kann. So weit, wie es mit ihm bergauf gegangen ist, geht es jetzt bergab – und noch viel weiter. Er lässt sich gehen und gibt seine neue Wohnung dem

West
EUROPA IM SATELLITENBILD

Verfall preis. Immer öfter steht die Polizei vor der Tür, weil Klaus seine Sucht inzwischen mit Kleinkriminalität finanziert. Seinen rasanten sozialen Abstieg können auch die beiden ABM nicht stoppen, die er noch vermittelt bekommt.

Seine Haftstrafe verbringt Klaus in der JVA Castrop-Rauxel, einer offenen Anstalt. Häftlinge, die Arbeit haben, verlassen tagsüber das Gefängnis und kommen abends zurück – „Freiberufler" werden sie genannt. Die ersten zehn Tage verbringt Klaus im Gefängnis-Krankenhaus. Dort wird er vom Heroin entwöhnt. In der JVA herrscht Arbeitspflicht. Auch Klaus arbeitet in einem der Gefängnis-Betriebe. Nach vier Tagen schreibt ihn der Arzt wegen der Behinderung durch seine „Kralle" arbeitsunfähig. Doch Klaus langweilt sich so, dass er die Gefängnisleitung bittet, ihm eine Beschäftigung zu geben. Fortan ist er Reinigungskraft im „Freiberufler"-Trakt. Bei diesem Job kann Klaus sich im ganzen Haus bewegen und bekommt überall Informationen. Zusätzlich putzt er für drei Euro pro Zelle die Toiletten und Duschen der „Freiberufler". Bei nur 30 Euro Taschengeld im Monat ist das viel Geld. Der geregelte Tagesablauf gefällt Klaus. So stört ihn auch nicht, dass er einen Monat länger in Haft bleiben muss. Die Staatsanwaltschaft hat in seinen Unterlagen noch eine unbeglichene Geldstrafe gefunden und eine Haftverlängerung angeordnet. Doch irgendwann wird Klaus entlassen. Im Knast ist er clean geblieben. Doch kaum in Freiheit, beginnt er wieder mit Heroin.

Seinem Hund ist es prächtig in seiner Abwesenheit ergangen. Nachdem die Nachbarin zu unzuverlässig war, hat ein Freund ihn zu sich genommen. Sein Hund ist das Einzige, was ihm noch etwas bedeutet. Zu seiner Schwester hat er heute keinen Kontakt mehr. Sie führt ein ganz normales Leben.

NICOLE

geb. 1977 in Bottrop

>> Meine Kindheit verlief wie in einem schlechten Märchen. Wechselnde Partner der Mutter, mit uns Kindern konnten die nicht viel anfangen. Alkoholexzesse, Schläge. Mit 15 für zwei Jahre ins Heim, hab da keinen Halt gefunden und bin zurück zur Mutter. <<

Trau keinem über dreißig“ ist eine Lebensweisheit, die jeder Teenager kennt. Dreißig markiert die Schwelle zur Spießigkeit. Es ist kurz vor Weihnachten, und Nicole feiert ihren dreißigsten Geburtstag. Sie will nichts so sehr, wie endlich spießig werden.

Nicoles Kindheit verläuft wie in einem schlechten Märchen. Sie wird in Bottrop geboren, hier wächst sie auch auf. Mutter und Vater trennen sich früh. Bis zum sechsten Lebensjahr wohnt sie bei ihrem Vater, dann kommt sie zur Mutter. Fünf Jahre darauf bricht der Kontakt zu ihrem leiblichen Vater ab. Nicoles vier Jahre ältere Schwester und ihr zehn Jahre jüngerer Bruder haben jeweils einen anderen Vater. Ständig kommen neue Stiefväter ins Haus, die mit den Kindern nicht viel anfangen können. Nicoles Kindheit prägen Alkoholexzesse, Schläge und Verwahrlosung.

Überdies ziehen sie häufig um. In fünf Schuljahren – die dritte Klasse muss sie wiederholen – besucht Nicole vier verschiedene Grundschulen. Die Hauptschule verlässt sie nach der siebten Klasse, hängt wegen der Schulpflicht noch zwei Jahre Berufsschule an und geht trotzdem ohne Abschluss ab. Mit 14 fängt sie an zu kiffen. Ein Jahr darauf wird sie für zwei Jahre in ein Heim geschickt. Wenig später, mit nur 16 Jahren, raucht sie erstmals Heroin. Nach einer Weile findet sie im Heim keinen Halt mehr, verlässt es wieder und zieht zurück zu ihrer Mutter. Nach einem halben Jahr, gerade 18 geworden, verlässt sie das Elternhaus erneut. Sie zieht zu ihrem langjährigen Freund, der wohnt noch bei seiner Mutter. Aus dem besten Freund wird schließlich ihr Ehemann.

Ohne Schulabschluss bekommt Nicole nur Gelegenheitsjobs: Eine Weile trägt sie Zeitungen und Prospekte aus, ein paar Monate arbeitet sie in einer Großwäscherei, gelegentlich putzt sie, zwischendurch bezieht sie Sozialhilfe. Ihre Mutter heiratet wieder, und Nicole arbeitet ein Jahr lang für die Abbruch- und Asbestsanierungsfirma ihres Stiefvaters. Sie kümmert sich um die Büroarbeit und schreibt Rechnungen. Als sei sie in ihrer Kindheit nicht oft genug umgezogen, wechselt sie in vier Jahren mit ihrem Mann öfter den Wohnort als andere Leute in ihrem ganzen Leben: Sie ziehen von Bottrop nach Duisburg-Hochfeld, dann nach Duisburg-Homberg, später nach Wesel und wieder nach Bottrop. Den grauen Alltag verschönern sie sich mit Marihuana, Alkohol und Heroin. Die Beziehung versinkt im Drogensumpf und endet nach acht Jahren. Nicole ist Mitte zwanzig und wieder ohne eigene Wohnung. Sie übernachtet mal hier, mal da oder beim aktuellen Partner. Nach jeder Trennung ist sie wieder obdachlos, ohne Arbeit und abhängig von Sozialhilfe.

1998 dann eine Hoffnung: Sie wird ins Methadonprogramm aufgenommen. Zwei Jahre lang scheint der Kampf gegen die Drogen gewonnen. Sie lernt den Zweiradmechaniker Gisi kennen, und nach elf Monaten heiraten sie. Acht Monate später wird sie schwanger und bringt im Mai 2001 einen Sohn zur Welt. Ein zweiter Sohn folgt anderthalb Jahre später. Doch an das ersehnte Familienglück ist nicht zu denken, ihr Ehemann greift immer öfter zur Flasche. Die Kindererziehung überfordert ihn. Ihr Leben wird zur Hölle, und Nicole sucht Zuflucht in ihrer alten Szene. Der Rückfall lässt nicht lange auf sich warten. 2003 trennt sie sich von Gisi, verlässt die gemeinsame Wohnung und ist wieder obdachlos. Die Kinder kommen bei Onkel und Tante in Münster unter. Auf dem Papier bleibt die Ehe noch drei Jahre bestehen, erst im Oktober 2006 wird sie offiziell geschieden.

Zwei Jahre lang übernachtet Nicole erneut mal hier und mal dort. Oft macht sie die Nacht einfach durch. Viel Zeit verbringt sie mit ihrer Clique am Busbahnhof und trinkt. Für ihre Sucht braucht Nicole Geld, viel Geld, das sie sich auch mit kleineren Diebstählen beschafft.

Eines Tages will der Richter keine Bewährungsstrafe mehr verhängen. Nicole ist da gerade erst vom Sozialamt mit ihrem

Hund in die kommunale Obdachlosensiedlung Borsigweg in Bottrop-Boy eingewiesen worden. Doch die heruntergekommene Zweizimmer-Wohnung ohne Bad und Heizung muss sie jetzt gegen eine kleine Zelle eintauschen. Als sie im Herbst 2005 nach vier Wochen entlassen wird, hat ihre Wohnung keinen Kohleofen mehr. Jemand hat ihn gestohlen. Und der Energieversorger hat ihr wegen Altschulden den Strom abgeklemmt. Doch das Unglück hat etwas Gutes. Sie lernt ihren Nachbarn Mike kennen.

Seit sechs Monaten sind sie jetzt zusammen, und den Ring am Finger hat er ihr geschenkt. Heiraten will sie allerdings nicht noch einmal. Seit dem Gefängnisaufenthalt ist Nicole wieder im Methadonprogramm, diesmal will sie durchhalten, ihre Drogenzeit und den Alkohol endgültig hinter sich lassen. Nicole ist ruhiger und ausgeglichener geworden. Auch ihren dreißigsten Geburtstag will sie nur gemütlich feiern, zusammen mit Mike und zwei guten Freunden.

WEAR
SPORTY

MICHAEL W.

geb. 1960 in Bottrop

>> Bis 28 habe ich bei meiner Mutter gewohnt. Mein Vater ist früh gestorben. Die Rente war knapp, meine Mutter ging putzen. Ich habe Konditor gelernt, aber eigentlich wollte ich Koch werden. <<

Ich bin genau der Richtige für Ihr Unternehmen! Ich bin eine zuverlässige und kompetente, zertifizierte Sicherheitsfachkraft mit zahlreichen Zusatzqualifikationen. Ich bin vielfältig einsetzbar und verbinde umfassendes Geschick mit einer raschen Auffassungsgabe." Ausdrucken, eintüten und ab damit in die Post. Michael bewirbt sich beim Security Team (Motto: „Wir wollen, dass Sie sicher leben."). Ähnliche Schreiben gehen an diesem Tag in die Post, nachdem der Arbeitsvermittler Michael Vorschläge unterbreitet hat. Der 47-Jährige schöpft Hoffnung. Am Schreibtisch trägt er eine Sichtweste, die er nach dem Fahrradfahren nicht abgelegt hat. Bald soll ihn endlich wieder die Uniform der schwarzen Sheriffs schmücken. Im Sicherheitsgewerbe hat Michael des Öfteren gejobbt, und stets hat es ihm Spaß gemacht.

Dabei sieht sein frühster Berufswunsch anders aus. Nach dem Besuch der Hauptschule lernt Michael Konditor. Doch die Feinarbeit liegt ihm nicht, der aufbrausende junge Mann kann die notwendige Geduld einfach nicht aufbringen. Er bricht die Ausbildung ab und wird Jungbergmann auf der Zeche Prosper Haniel. Dort bleibt er bis zu einem beinahe folgenschweren Unfall. An jenem Tag bringt Michael eine Trägerstütze zu Fall. Augenblicklich stürzt der Stollen ein, die Decke bricht und prasselt auf Michael herunter. Ein Steinhaufen begräbt den Bergmann fast vollständig, nur sein Kopf schaut noch hervor. Michael kommt mit dem Schrecken davon. Lediglich eine Narbe auf der Stirn erinnert an einen Unfall, der tödlich hätte ausgehen können. Danach wagt Michael sich nie wieder unter Tage.

Nach dem Unfall meldet er sich zum Militär und rückt zur Luftwaffe ein. Oft übernimmt er dort die Wache am Toreingang, und mit Begeisterung verrichtet er den UvD-Dienst. Der „Unteroffizier vom Dienst" trägt eine blaue Kordel über seiner Soldatenuniform, er muss seine Kompanie wecken und die Reinigung der Unterkünfte sowie die Einhaltung der militärischen Ordnung nach Dienstschluss überwachen. Michael behält diese Monate als schöne Zeit in Erinnerung.

Zurück im heimischen Bottrop schlägt er sich mit Hilfsarbeiterjobs durch oder mit Maßnahmen vom Arbeitsamt. Er intensiviert sein politisches Engagement in der DKP Bottrop und absolviert eine Ausbildung zum Rettungssanitäter. Oft steht er ehrenamtlich am Rande von großen Veranstaltungen. 1985 verlässt er das Elternhaus, da ist er schon 25. Michaels Vater ist schon vor Jahren früh verstorben, und seine Mutter bessert die knappe Witwenrente mit Putzjobs auf. Michaels Auszug hat einen Grund: Seine Freundin Mercedes ist schwanger. Sie heiraten, ziehen zusammen, und bald kündigt sich ein zweites Kind an. Nach drei Jahren lassen sie sich scheiden. Michael zieht zu seinen Großeltern und beginnt zu trinken. Als er Anfang der neunziger Jahre in eine Wohngruppe für Obdachlose übersiedelt, ist er am Tiefpunkt angekommen. Fast ein Jahrzehnt lebt er im Wohnungslosenmilieu. Einen ernsthaften Versuch, dort wegzukommen, unternimmt er in diesen Jahren nicht. Das ändert sich erst 1999, als das Haus abgerissen wird, das seine Wohngruppe beherbergt hat. Während die anderen Bewohnerinnen und Bewohner auf verschiedene Unterkünfte verteilt werden, zieht Michael in eine Innenstadtwohnung – mit 39 Jahren lebt er zum ersten Mal in seinem Leben allein.

Kurz danach hört er auf zu trinken. Er nimmt seinen Plan wieder auf, im Sicherheitsgewerbe Karriere zu machen und absolviert eine einjährige Ausbildung zur Werkschutzfachkraft. Die theoretische Prüfung besteht er als Bester. Noch heute schmücken seine Zimmerwand die sorgfältig eingerahmten Zertifikate seiner Abschlüsse und Zusatzqualifikationen: „Intensivkurs für Unternehmer und Führungskräfte", „Geprüfte Werkschutzfachkraft (§ 34a-Schein)", „Waffenschein", „All Style Wing Chun", „Personenschutzübung", „Tonfa-Sonderausbildung". Alles Weitere steht auf seinen Schreibtisch: das Strafgesetzbuch, das Bürger-

liche Gesetzbuch und „Der neue Hausjurist". Überhaupt hat Michael mit den Jahren ein eigenwilliges Faible für die Juristerei entwickelt. In zahlreichen Leserbriefen und Beschwerden erteilt er Politikern und Parteien Nachhilfe in Sachen Recht.

Irgendwann glückt ihm der lang ersehnte Berufseinstieg. Als Zugbegleiter der Firma PEDUS arbeitet Michael in den S-Bahnen, die kreuz und quer durchs Ruhrgebiet fahren. Er kontrolliert Fahrkarten, erteilt Auskünfte, sorgt für die Sicherheit. Das geht gut, bis Michael handgreiflich gegen einen Studenten vorgeht. Der junge Mann steigt mit seinem Fahrrad in den Zug, was er laut Hausordnung nicht darf. Michael bedeutet ihm, er müsse den Waggon verlassen, und als der Student sich weigert, kettet Michael ihn kurzerhand mit Handschellen an einen Sitz. Den nachfolgenden Prozess verliert Michael genauso wie seinen Arbeitsplatz. Anschließend kommt er kurzzeitig in Essen unter, wo er das Tor zur Anlieferung beim PLUS-Markt bewacht. Dann ist er mehrere Jahre arbeitslos, bis er beim Veranstaltungsschutz für Großereignisse im ganzen Ruhrgebiet aushilft. Doch da der Job zu wenig abwirft, um davon leben zu können, kündigt Michael. Noch einmal findet er Arbeit in der Branche und macht einen Monat Schließ- und Wachkontrolle in einem Bürogebäude. Seitdem bewirbt er sich vergeblich.

Seine Ex-Frau Mercedes wohnt heute in Hannover. Die gemeinsamen Kinder hat er über 15 Jahre lang weder gesehen noch gesprochen, als er jüngst seinen inzwischen 19-jährigen Sohn Marcel wieder trifft. Auf den ersten Blick erkennt Michael ihn gar nicht. Doch beide freunden sich schnell an, und als Michael wenig später seine neue Liebe heiratet, bittet er Marcel, sein Trauzeuge zu sein.

Michaels jüngste Bewerbungen jedoch sind nicht von Erfolg gekrönt. Das Security Team sagt schriftlich ab. Auch der Kommunale Ordnungsdienst der Stadt Bottrop möchte ihn nicht beschäftigen. Aber Michael gibt die Hoffnung nicht auf. Jetzt will er den Führerschein machen, um seine Jobchancen zu steigern.

MICHAEL L.

geb. 1964 in Bottrop

>> Früher waren meine Kumpels und ich der Schrecken auf jeder Kirmes. Es gab immer richtige Schlägereien. Im Suff natürlich. Die ganze Clique war so drauf. Einige sind für Jahre im Knast gelandet. Ich hatte nur kurz das Vergnügen, danach war ich geheilt. <<

Konzentriert sitzt Michael auf der Couch und setzt ein Streichholz auf das andere. Zwischen jedes Holz träufelt er ein wenig Leim. Er lehnt sich zurück, nimmt einen Schluck aus der Bierflasche Marke „Landfürst" und kontrolliert, ob er sauber gearbeitet hat. Das Ergebnis hält der Prüfung stand, Michael macht weiter, er hat noch viel vor. In drei Wochen feiert seine Schwester Birgit Geburtstag. Bis dahin soll sie fertig sein: seine bisher größte Windmühle. In ihre Vorgängerin hat er zweieinhalb Monate Arbeit investiert. Jetzt ruht sein Blick auf einem Werk aus rund 3.500 Streichhölzern, genau so viele wird er noch benötigen.

Außer Birgit hat Michael noch sechs weitere Geschwister, davon vier Schwestern. Und mit allen versteht er sich gut. Vielleicht ist es die schwere Kindheit, die sie zusammengeschweißt hat.

In dem kinderreichen Haus gibt es immer überreichlich Stress. Der Vater schlägt die Mutter. Sie wagt nicht, die Scheidung einzureichen. Als Michael gerade elf Jahre wird, verlässt der Vater die Familie wegen einer neuen Frau. Die Mutter erhält das Sorgerecht, ist aber überfordert und trinkt noch mehr als ohnehin schon. Das Jugendamt weist ihr und den acht Kindern ein Haus zu, in dem der Vater nach wie vor viel Zeit verbringt.

Nach der Hauptschule beginnt Michael eine Lehre zum Bauschlosser. Er bewirbt sich als Helfer, und man bietet ihm eine Lehrstelle an. Michael fehlt nur ein halbes Jahr zum Abschluss, als das Unternehmen Konkurs anmeldet. Der junge Mann versucht, die Lehre bei einer anderen Firma zu beenden. Doch seine Bemühungen bleiben erfolglos. Sieben Monate ist er arbeitslos, bevor er als Helfer bei einer Dachdeckerfirma unterkommt. Dort gerät er nach einer Zeit mit dem Sohn des Chefs aneinander und kündigt nach zweieinhalb Jahren schließlich. In den Jahren danach bekommt er zwei ABM-Stellen beim städtischen Grünflächenamt – das erste Mal verpflichtet ihn das Arbeitsamt, für das zweite Mal meldet er sich freiwillig.

Dann muss die Mutter zur Therapie in eine Einrichtung nach Bielefeld. Michaels jüngere Schwestern kommen ins Heim, während seine beiden Brüder und er im gemeinsamen Haus wohnen bleiben. Michael feiert bald seinen 20. Geburtstag, seine Brüder sind etwas jünger. Oft lädt er jetzt die Clique nach Hause ein, sie feiern eine ausufernde Party nach der anderen. Einige Freunde bleiben gleich bei ihnen wohnen. Als das Haus einige Zeit später abgerissen werden soll, muss die Clique von etwa 15 jungen Leuten weichen und beschließt, gemeinsam Platte zu machen.

Seitdem er 18 ist, trinkt Michael regelmäßig und viel. In der Clique nimmt das überhand: Er zecht rund um die Uhr, tagsüber sitzt der Freundeskreis am Busbahnhof, abends zieht man herum. Täglich schluckt Michael so viel Schnaps, bis er sich nicht mehr auf den Beinen halten kann und umfällt. Michaels Clique ist berühmt-berüchtigt als der Schrecken jeder Kirmes in der Umgebung. Die schnauzbärtigen, von oben bis unten tätowierten jungen Männer in den ausgefransten Lederjacken geraten ständig in Schlägereien. An Michaels Nase kann man heute noch die Spuren dieser Zeit ablesen. Meistens aber teilt er selbst aus und der Rest der Clique nicht minder. Irgendwann erstechen seine Freunde im Vollrausch einen Mann; einige aus der Gruppe landen für viele Jahre im Gefängnis. Michael verbringt 1985 wegen einer nicht bezahlten Geldstrafe anderthalb Monate in Haft. Kaum zehn Tage nach seiner Entlassung wird er erneut zu drei Monaten verurteilt. Danach beginnt Michael eine Therapie gegen seine Alkoholsucht. Elf Wochen darauf erhält er ein paar Tage Urlaub und besucht in Bottrop seine Freunde. Doch kaum bei ihnen angekommen, hängt er wieder an der Flasche. Am Bottroper Gericht laufen inzwischen sieben Verfahren gegen ihn: Fahrerflucht, Diebstahl, Körperverletzung und Einbruch lauten die Vorwürfe. Michael erhält erneut sechs Monate Haft.

Im Gefängnis beginnt er, Windmühlen zu basteln. Der Freund seiner Mutter hat das selbst in Haft gelernt und es Michael beigebracht. Tagsüber arbeitet Michael in der Gefängniswerkstatt, wo er Briefumschläge bemalt und Warmhalteplatten aus Draht dreht. Aber die Tage vergehen langsam und das Leben hinter Gittern ist eintönig. Die Windmühlen bieten eine willkommene Abwechslung und durch die Arbeit in der Werkstatt kommt er an die notwendigen Utensilien für seine Bastelei nach Feierabend.

Noch während Michael seine Strafe verbüßt, stirbt seine Mutter. Für die Beerdigung erhält Michael Freigang und steht mit Hand- und Fußfesseln unter der Kleidung flankiert von zwei Beamten an ihrem Grab. So demütigend empfindet er diese Situation, dass er schwört, nie wieder ins Gefängnis zu müssen. Er hält Wort.

Nach seiner Entlassung verordnet ihm das Gericht eine Therapie. Knapp fünf Monate verbringt Michael in einer Einrichtung in München, bis ihn ein Gerichtstermin nach Bottrop ruft. Dort bleibt er bei seiner Freundin Petra, mit der er anderthalb Jahre lang Platte macht und schließlich in eine gemeinsame Wohnung zieht. Petra wird die erste Frau, mit der er lange zusammenlebt, ohne sich ihren Namen auf die Haut tätowieren zu lassen. „Melanie“ steht auf einem Arm, „Tine“ auf der Brust, und „Ela“ ist auf den Fingerknöcheln verewigt. „Petra“ findet man nirgendwo. Die Beziehung hält 13 Jahre, bis auch Petra die Kontrolle über ihren Alkoholkonsum verliert. Michael beginnt erneut eine Therapie, wird ruhiger und häuslicher.

Die jetzige Wohnung ist sein ganzer Stolz, und er hält sie stets sauber und aufgeräumt. Michael ist gern zuhause, wo er in Ruhe sein Bier trinkt und Windmühlen aus Streichhölzern bastelt. Wenn der nächste Winter kommt und er wegen der Kälte das Haus nicht mehr oft verlassen wird, will er einen Leuchtturm aus 15.000 Streichhölzern bauen. Es soll sein Meisterstück werden.

quadral
JAKO

OLIVE-MARY

geb. 1947 in Bray (Irland)

>> Ich bin in Irland geboren und 1973 der Liebe wegen nach Bottrop gekommen. Über 20 Jahre war alles okay, bis zu meiner Scheidung. <<

Laut hämmert es an der Tür. Mary zuckt zusammen. Ein ehemaliger Lebensgefährte steht volltrunken vor ihrem Haus. Er will reden, sagt er. Die 60-Jährige wirkt einen Moment lang erschrocken, beruhigt sich aber wieder und schiebt den Sicherheitsriegel vor. In ihrer kleinen Wohnung in der Zechenhaussiedlung im Bottroper Stadtteil Eigen fühlt sie sich sicher. Ihr kleines Reich hat sie geschmackvoll und mit viel Liebe eingerichtet. In jedem Zimmer hängt ein Kreuz an der Wand. Denn Mary ist von ihren Eltern in Irland streng gläubig erzogen worden.

Mary wird 1947 als drittes Kind in Bray im irischen County Wicklow geboren. Der idyllische Badeort liegt 15 Kilometer südlich von Dublin. Ihr Vater dient als Berufssoldat und kommt selten nach Hause. Erst als er nach 23 Jahren die Armee verlässt und Sicherheitsbeamter in einer irischen Bank wird, sieht Mary ihn regelmäßig. Die Mutter arbeitet in einem Hotel, in dem auch Mary mit 13 Jahren eine Ausbildung anfängt. Drei Jahre später wechselt sie zu einem Hostel.

Mit 17 Jahren wird Mary mit Glan schwanger, der von ihren Eltern großgezogen wird, damit sie wieder arbeiten kann. Mit 20 lernt sie im Pub Rolf kennen und lieben. Der Deutsche ist hier vorübergehend auf Montage im Straßenbau. Mary wird von ihm schwanger und bringt ihre Tochter Angelique zur Welt. 1973 endet Rolfs Bauauftrag in Irland, er geht zurück in seine Heimatstadt Bottrop. Mary begleitet ihn. Sohn Glan bleibt bei der Großmutter, die ihn weiterhin aufzieht.

In Bottrop heiraten die irische Hotelfachkraft und der deutsche Bauarbeiter und ziehen gemeinsam mit Tochter Angelique in seine kleine Dachgeschosswohnung. Mary gefällt es im Ruhrgebiet. Trotz Sprachschwierigkeiten fühlt sie sich mit ihrer Tochter nicht allein. Noch heute hängt ein Foto an ihrer farbig gestreiften Zimmerwand, auf dem sie mit Angelique im Kinderwagen Anfang der siebziger Jahre auf einem Spaziergang im Bottroper Stadtgarten zu sehen ist.

Doch die junge Familie bleibt nicht lange genug, als dass Mary sich richtig einleben könnte. 1975, Mary ist gerade 28 geworden, soll Rolf wieder auf Baustellen ins Ausland. Mary würde gern nach Australien ziehen, doch seine Aufträge führen sie zunächst zwei Jahre in den algerischen Minenort Miliana, später für zweieinhalb Jahre in die nigerianische Metropole Lagos. Während Rolf arbeitet, führen Mary und ihre Tochter ein luxuriöses Leben. Doch der Alltag mit Swimming Pool und Chauffeur wird ihr schnell langweilig. Mary möchte arbeiten, doch Rolf verbietet es ihr. Sie setzt die Pille ab und wird erneut schwanger. Rolf will kein weiteres Kind. Mary setzt sich durch und bringt im Januar 1980 Tochter Tracey zur Welt.

Kurz darauf verunglückt Rolf auf der Baustelle. Schwere Verbrennungen am ganzen Körper binden ihn für lange Zeit ans Krankhausbett: Auf mehrere Wochen in einem Spital in Lagos folgen sechs Monate im Bottroper Knappschaftskrankenhaus.

Rolf kann seinen Beruf nicht mehr ausüben, er hadert mit seinem Schicksal und verschont auch Mary nicht mit seiner Unzufriedenheit. 1993 zerbricht die Ehe nach über 20 Jahren. Mary verkraftet die Scheidung nicht, sie beginnt, viel zu trinken. Sie zieht aus der gemeinsamen Wohnung aus und lässt die Kinder bei ihrem Ex-Mann zurück. Die nächsten sieben Jahre ist sie obdachlos. Mal schläft sie draußen, mal in Hotels, meistens bei Männern, die sie auf der Straße kennenlernt.

Mary sucht immer neue Lebenspartner, die sie beschützen sollen. Als obdachlose Frau ist sie größeren Gefahren ausgesetzt als ihre männlichen Gefährten, sei es tagsüber auf der Straße, sei es nachts. Auf der Suche nach Schutz gerät sie an Alkoholiker, die gewalttätig werden und ihren Frust an ihr auslassen. Kaum ein Tag vergeht, an dem sie kein blaues Auge hat. Mit einem jüngeren Mann zieht sie in dessen Zimmer in einer Obdachlosensiedlung. Eines Tages zerstört er volltrunken die gesamte Wohnungseinrichtung und zertrümmert Marys Nase, die seitdem leicht schief

ist. Mary verlässt ihn und geht wieder auf die Straße. Doch das Alleinsein erträgt sie nicht: Ihr nächster Partner kommt gerade aus dem Gefängnis. Dort ist er ohne Alkohol ausgekommen, jetzt holt er das, was er in Haft nicht getrunken hat, in Freiheit nach. Täglich verprügelt er sie, einmal bricht er ihr sogar den Kiefer. Auch das hinterlässt Spuren in ihrem Gesicht. In ihrer Zeit auf der Straße trifft Mary stets auf Männer, die sie schlagen und misshandeln.

1999 kommt die Wende: Mary wohnt seitdem in ihrer eigenen Wohnung. Zwar donnern ihre ehemaligen Partner aus der Zeit auf der Straße regelmäßig gegen ihre Wohnungstür. Aber Mary lässt sie nicht mehr rein – weder in ihre Wohnung noch in ihr Leben. Ihren Ex-Mann und die beiden gemeinsamen Kinder trifft sie gelegentlich. Ihren Sohn Glan, der bei seinen Großeltern in Bray aufgewachsen ist, hat sie das letzte Mal gesehen, als sie vor über drei Jahrzehnten aus Irland weggegangen ist. Seit dem Tod ihrer Mutter, die ihr regelmäßig geschrieben hat, ist Mary ohne Nachricht von ihm. Sie weiß lediglich, dass er seit mehren Jahrzehnten in Australien wohnt und dort Familie hat.

WERNER

geb. 1944 in Elbing

>> Seit zwölf Jahren lebe ich in einer Wohnung mit nur einem Zimmer: Sofa, Küche, Waschbecken – alles auf 14 Quadratmetern. <<

Schwerfällig erhebt sich der grauhaarige Mann von der durchgelegenen Schlafcouch und schlendert langsam am laufenden Fernseher vorbei zur Toilette. Oder besser gesagt: in den Flur. Ein Badezimmer besitzt er nicht. Seit zwölf Jahren lebt Werner in einer Wohnung, die aus nur einem Zimmer besteht. Wohnzimmer, Küche und Bad erstrecken sich über dieselben 14 Quadratmeter. Ein Vorhang im winzigen Flur teilt die Toilette vom Rest der Wohnung. Auf der Kommode im Hauptraum stehen zwei Kochplatten, daneben hängt ein kleines Waschbecken an der Wand. Auch ein Kühlschrank findet hier seinen Platz. Dafür zahlt Werner immerhin knapp 300 Euro Warmmiete. Aber er ist froh, überhaupt eine Wohnung zu haben. Darauf musste er viele Jahre lang verzichten.

Im Mai 1944 wird Werner im westpreußischen Elbing, dem heutigen nordpolnischen Elbląg, nahe der Ostseeküste geboren. Das Kriegsende ist absehbar, und ein halbes Jahr später flieht die Mutter mit Werner und seiner älteren Schwester Erika auf einem großen Flüchtlingstreck vor der näher rückenden Roten Armee. Der Vater hat als Soldat in Stalingrad gekämpft und wird seitdem vermisst. Werners älterer Bruder ist schon vor dem Krieg gestorben, und der Jüngere wird auf der Flucht bei einem Bombenangriff getötet.

Die Mutter begibt sich auf die Suche nach ihrem Vater, Werners Großvater. Er hat vor dem Krieg als Straßenbahnschaffner in Berlin gelebt. Doch niemand weiß, wo er sich jetzt aufhält. Sie suchen ihn in Berlin, auf einem Stützpunkt der US-Armee in Hessen und später in Schleswig-Holstein. Dort verliebt sich die Mutter in den Plantagenbesitzer Horst. Er ernährt die verarmte Familie, zahlt die Unterkunft. Werners Mutter bekommt von ihm einen weiteren Sohn, Roland.

Doch lange hält sie es bei dem Plantagenbesitzer nicht aus. Horst sieht in ihr eine Geliebte und hält sie mit dem vagen Versprechen baldiger Heirat hin. Ihre Kinder aus erster Ehe stören ihn sogar. Daher verlässt sie Norddeutschland eines Tages und geht mit ihren Kindern erst nach Hessen, dann nach Bottrop. Der neunjährige Werner überwindet gerade eine Kinderlähmung, die ihn viele Jahre gequält hat. Die mittellose Familie bezieht eine feuchtkalte Kellerwohnung, in der die Mutter krank wird. Nach zwei Jahren ziehen sie endlich in ein neues Zuhause. Schwester Erika findet keine Arbeit, mit 16 heiratet sie und geht aus dem Haus.

1958 wird der 13-jährige Werner Jungbergmann auf der Zeche. Bei der Prüfung zum Berglehrling fällt er durch. Ab seinem 16. Lebensjahr fährt er unter Tage. Doch er hält es nie lange an einem Arbeitsort aus und wechselt häufig die Zeche. Nach sieben Jahren im Bergbau wirft Werner das Handtuch, er will die Welt sehen. Zunächst kommt er viel in der Republik herum: Zwei Jahre arbeitet er als motorisierter Wachdienst bei der französischen und dann bei der US-Armee im rheinlandpfälzischen Kaiserslautern, später als Heizer im baden-württembergischen Offenburg. Der Mutter in Bottrop, die von der kleinen Kriegsopferrente kaum leben kann, schickt er Geld. Als Familienernährer wird Werner vom Wehrdienst freigestellt. Die nächsten Jahre verbringt er als Tagelöhner. Er arbeitet mal hier, mal dort, mal regulär, mal schwarz. Nie hält es ihn irgendwo lange – einmal bleibt er nur fünf Tage in einem Café auf Helgoland. Werner jobbt auf der Kirmes, im Zirkus, im Gleisbau, in Hotels, in der Küche oder im Sanatorium. Für die Einträge der Arbeitgeber reicht der Platz auf der Lohnsteuerkarte fast nie aus.

Eines Tages packt ihn das Heimweh, und er kehrt zurück nach Bottrop. Dort endet Anfang der achtziger Jahre sein Arbeitsleben. Die Stadtverwaltung beschäftigt ihn noch drei Mal in Arbeitsbeschaffungsmaßnahmen, dann ist Werner arbeitslos.

Endgültig zu Boden geht Werner, als seine Mutter von einem LKW überrollt wird und stirbt. Den Verlust verkraftet er nicht und versucht, ihn mit Alkohol zu verdrängen. Dafür gibt er bald

einen Großteil des Geldes aus, dass er vom Amt bezieht. Er hört auf, Miete zu zahlen, verliert seine Wohnung und ist die nächsten zehn Jahre obdachlos.

Werners Wohnung, die er vor einigen Jahren beziehen konnte, wirkt trotz der Enge recht leer. Eine persönliche Note sucht man vergebens. Nach zehn Jahren auf der Straße besitzt er weder Bilder noch Erinnerungsstücke. Die 300 Kassetten umfassende Videosammlung ist das Persönlichste, was er sich zugelegt hat, seit er wieder ein Zuhause hat. Und selbst die will er wegwerfen. Werner gibt nicht viel auf seinen Besitz: Seine Brille ist ihm heruntergefallen, der linke Bügel seitdem gebrochen. Werner hat ihn notdürftig mit einem Pflaster geflickt.

Der ruhige alte Mann mit der kratzigen Stimme hat oft seinen jüngeren Bruder Roland in Bottrop besucht. Werner hat dessen Waschmaschine und Bad nutzen dürfen. Doch an Weihnachten 2006 ist Roland unerwartet gestorben.

Auch seine Vermieterin, eine ältere Dame, die über ihm wohnte, ist gerade verstorben. Jetzt steht ihre Wohnung leer, und das Dach ist undicht. Es tropft in Werners Wohnung. Drei Deckenplatten sind schon heruntergefallen. Das Haus hat der Neffe geerbt, ein Bauunternehmer. Zwar kassiert er weiter die Miete von Werner, aber repariert hat er die undichte Stelle noch immer nicht.

JÖRG

geb. 1968 in Bottrop

>> Ich bin ein Heimkind. Meine Eltern haben sich getrennt, als ich klein war. Mit einem Jahr bin ich rein ins Heim. Meine Geschwister waren auch dort. Mit fünf Jahren bin ich für zwölf Monate wieder zu meinen Eltern. Die wollten es noch einmal mit der Familie versuchen. Sie scheiterten. Ich also wieder rein ins Heim. <<

Eine rostbraune, zerbeulte Dose voll mit Wasser steht auf dem Kohleofen. Das Zimmer ist nicht warm, es ist heiß. Der Ofen lässt sich nicht mehr regulieren, die Sichtscheibe hat einen Sprung. Deswegen zieht er zu viel Luft, und der Sauerstoff heizt die Glut weiter an. Neben dem Ofen liegen eine Isomatte und ein Schlafsack. Seit einigen Tagen übernachtet hier ein alter Freund, der gerade keine Wohnung hat. Jörg hat ihm seine WG-Küche als Schlafplatz angeboten. So wie er selbst oft bei Freunden untergekommen ist, wenn er keine Bleibe hatte.

Jörgs Eltern trennen sich, da kann er gerade laufen. Mit einem Jahr kommen er und seine beiden Geschwister ins Heim. Vier Jahre darauf holen die Eltern ihre drei Kinder zurück. Nach langer Trennung wollen sie es noch einmal miteinander versuchen. Knapp ein Jahr später geben sie auf, und das Jugendamt bringt die Kinder erneut ins Heim.

Jörg gefällt es dort, da ihm die Einrichtung viele Freiheiten bietet, auf die er in einem Elternhaus verzichten müsste. Er kommt und geht, wann er will und stellt viel Unfug an: Bei Nacht bricht er mit Freunden in eine Tennishalle ein, er knackt Autos, in denen er Spritztouren unternimmt. Schließlich muss er die Gesamtschule Oberhausen-Osterfeld verlassen und besucht fortan wie seine Geschwister die Adolf-Kolping-Hauptschule. Damit schwindet auch der letzte Rest von Interesse, den Jörg für den Unterricht aufbringen kann. Nachdem er zwei Jahre wiederholt hat, verlässt er die Schule nach der siebten Klasse ohne Abschluss.

Im anschließenden Sommer fährt der 13-Jährige wie jedes Jahr zur Heimfreizeit an die französische Atlantikküste. Dort verliebt er sich bis über beide Ohren in eine junge Französin. Jörg will bei ihr bleiben, und am Tag der Abreise nimmt er Reißaus. Doch die Freizeitleiter finden ihn und nehmen ihn mit. Unter Tränen lässt er Sandrine, seine junge Liebe, zurück. Was er nicht weiß: Sie erwartet ein Kind von Jörg – lässt ihren neuen Freund, einen Franzosen, aber glauben, er sei der Vater. Jörg erfährt dies erst später. Zwei Mal erhält er in den Jahren danach noch einen Brief von Sandrine mit Fotos.

Direkt nach den Sommerferien erreicht der nunmehr 14-jährige Jörg das strafmündige Alter und tritt prompt eine erste Haftstrafe an: Einige Einbrüche und Autodiebstähle bringen ihm acht Wochen in der Jugendarrestanstalt in Bottrop ein. Anschließend beginnt er eine Ausbildung zum Dachdecker und zieht in eine Außenwohngruppe des Heims, wo er bis zu seinem 17. Lebensjahr bleibt. Dann kehrt er dem Heim den Rücken. Seine Ausbildung schließt Jörg nicht ab, er feiert viel und macht ausgiebige Drogenerfahrungen. In dieser Zeit lässt er sich erstmals tätowieren, seine Brust schmückt seitdem ein Einhorn. Daneben entsteht ein Aufplatzer – ein Tattoo, das eine Wunde vortäuscht, so als ob Jörgs Oberkörper aufgesprungen sei und Einblick in den Brustkorb böte. Später kommen noch zahlreiche weitere Tätowierungen hinzu, einige sticht er sich im Gefängnis aus Langeweile selbst.

Für zweieinhalb Jahre kommt der wohnungslose Jörg bei seinem Freund Willi unter. Doch ihre Einkünfte – Jörg bezieht Unterstützung vom Sozialamt, Willi erhält Lehrgeld von der Zeche – geben sie dem Dealer statt dem Vermieter. Als die Mietschulden überhand nehmen, müssen die beiden ihre kleine Wohnung verlassen. Jörg wohnt fortan entweder bei seiner Schwester Michaela oder im Freien. Provisorisches Obdach findet er in einem ausrangierten VW-Käfer, auf einem Spielplatz, im Wald oder in einer Garage. Gelegentlich schläft er für ein paar Nächte bei Freunden.

Die Eltern eines Freundes vermitteln ihm schließlich eine eigene Wohnung und einen Job als Bauhelfer. Es geht wieder aufwärts, nicht zuletzt wegen seiner Beziehung zur Oberstufenschülerin Tanja. Nach zwei Jahren stürzt Jörg erneut: Er verliert Tanja, seinen Job und seine Wohnung. Außerdem will die Bundeswehr

ihn zum Wehrdienst einziehen. Davor hat er sich während der vergangenen Jahre trickreich gedrückt. Sein Arbeitsvermittler schlägt vor, zwei Fliegen mit einer Klappe zu schlagen: Jörg solle sich für eine Maßnahme des Arbeitsamtes anmelden, in deren Rahmen er seinen Hauptschulabschluss nachmachen könne. Für den Wehrdienst wäre er anschließend zu alt. Das lässt sich Jörg nicht zweimal sagen und zieht für die anderthalb Jahre seiner zweiten Schulzeit bei seiner Schwester ein. Sie ist die Einzige aus der Familie, zu der er ein gutes Verhältnis pflegt. Mit seinem Bruder Andreas und seiner Mutter versteht er sich nicht mehr, und sein Vater ist inzwischen gestorben.

Nach erfolgreich bestandenem Hauptschulabschluss findet Jörg eine Wohnung in Gladbeck. Doch bereits nach zwei Wochen sitzt er ohne Strom da. Der Anbieter klemmt Jörg wegen Altschulden von der Versorgung ab. Jörg packt seine Sachen und bezieht ein Zimmer in einer Wohngruppe für Obdachlose. Einige seiner Freunde wohnen auch hier. Nach kurzer Zeit wird er erneut zu zehn Monaten Gefängnis verurteilt.

Wieder in Freiheit, nimmt er an einem Methadonprogramm teil, um seine Heroinsucht endlich in den Griff zu bekommen. Mit Mitte dreißig macht Jörg zwei ABM beim städtischen Grünflächenamt. Auf dem ersten Arbeitsmarkt findet er keinen Platz mehr. 2001 muss er noch einmal ins Gefängnis, wo er 14 Monate lang Lampen zusammenschraubt. Als er entlassen wird, befindet sich die Wohngruppe, in der er fast sechs Jahre gelebt hat, gerade in Auflösung. Wie die meisten seiner ehemaligen Mitbewohner zieht auch Jörg in eine Zweier-WG. Doch sein Zimmer misst kaum mehr als seine letzte Arrestzelle. Also geht Jörg auf Wohnungssuche und zieht Mitte 2007 in eine kleine Dachwohnung in der Innenstadt. Heute ist er regelmäßig eine Anlaufstation für Freunde ohne Bleibe und bietet ihnen, was ihm selbst früher oft geholfen hat.

KAY

geb. 1971 in Bottrop

>> Meine Mutter konnte meinen Bruder und mich nicht leiden. Meine drei Schwestern waren ihre Prinzessinnen. So war ich meistens bei Oma, lernte kochen und haushalten. <<

Stolz steht Kay in seiner neuen Wohnung. In den vergangenen Wochen und Monaten hat er einiges geschafft. Seit November 2007 lebt er in einer eigenen Einzimmer-Wohnung in Bottrop. Die fünf Jahre zuvor hatte er keine feste Bleibe und daher auch keinen Hausstand mitgebracht. Doch die anfängliche Leere hat er rasch gefüllt. Inzwischen ist sein Haushalt fast vollständig: Kühlschrank, Fernseher und Schlafcouch hat er gebraucht geschenkt bekommen, der Elektroherd stammt aus dem Möbellager der Caritas.

Kays Mutter trennt sich früh von ihrem Mann. Der Vater zieht aus, der Stiefvater ein. Zu siebt – Kay hat vier Geschwister – leben sie in einer kleinen Dreizimmer-Wohnung. Die Mutter ist mit den fünf Kindern überfordert. Zu allem Überfluss zieht sie die drei Töchter den Söhnen vor. Kays Vater versucht, das Sorgerecht für die beiden Jungen zu bekommen – vergeblich, als alleinstehender Arbeitsloser hat er keine Chance.

Das Einkommen der kinderreichen Familie reicht vorn und hinten nicht. Mit dem wenigen Geld, das sie zur Verfügung hat, kann die Mutter nicht haushalten und macht Schulden. Oft ist kaum etwas zu essen im Haus. Zuweilen stellt die Mutter Kay von der Schule frei, damit er die Gläubigerbriefe abfängt, die sie vor dem Stiefvater versteckt. Der Stiefvater ist gerade 19, als er die Mutter heiratet, und Kay ist elf. Auch der Erziehungsstil des Neuen gefällt dem Jungen nicht.

Deshalb streiten Kay und sein drei Jahre jüngerer Bruder Sven oft, wer die Oma besuchen darf, während der andere zuhause bleiben muss. Kay gewinnt fast immer und verlebt seine Kindheit überwiegend bei den Großeltern. Dort lernt er kochen und den Haushalt führen. Er liebt diese Zeit mit seiner Oma.

Mit 14 Jahren fängt er an, Prospekte auszuteilen. Bereits nach drei Tagen zieht er bei seinem Chef ein, da er es zuhause nicht mehr aushält. Sechs Monate lang wohnt er bei dem Mann, der ihn bereitwillig unterstützt. In der Familie weiß niemand, wo der Junge abgeblieben ist – selbst die Großmutter nicht. Kay will ins Heim, aber das Jugendamt spielt nicht mit. Bei jedem Hausbesuch der Behörde ist dort ausnahmsweise alles in bester Ordnung. So zieht Kay fast vollständig bei den Großeltern ein. Die Oma wird zum Mutterersatz. Seinen Opa lernt er nur als Rentner kennen, der still in der Sesselecke vor dem Fernseher sitzt und Alkohol trinkt. Abends sieht auch die Oma gern gemeinsam mit ihrem Enkel fern. Doch irgendwann findet Kay die Abende mit seinen Freunden interessanter als mit der Großmutter bei Heimatmelodie und Musikantenstadl.

Nach neun Jahren Haupt- und zwei Jahren Berufsschule beginnt Kay eine Lehre als Berg- und Maschinenmann auf der Zeche Prosper Haniel. Unter den Lehrlingen wird viel Haschisch geraucht. Auch Kay kifft täglich, selbst vor der Arbeit. Vom Betriebsarzt bekommt er eine Drogentherapie verordnet. Als er sich weigert, wird er entlassen. Seine Bemühungen um Wiedereinstellung bleiben erfolglos. Nach vier Monaten ist Kays Lehre vorzeitig beendet.

Gerade volljährig geworden, übernimmt er mit seinem leiblichen Vater Renovieraufträge. Der Senior ist gelernter Schreiner und arbeitet zuweilen bei Freunden, Bekannten und Freundesfreunden. Gemeinsam malern und tapezieren sie, verlegen Fliesen und Parkett. Vater und Sohn sind ein gutes Team.

Mit Anfang 20 sagt Kay seiner Mutter eines Tages im Streit die Meinung. Erschüttert versucht sie, sich mit Schlaftabletten das Leben zu nehmen und überlebt nur knapp.

Kays Freunde greifen unterdessen zum Heroin. Kay mag die Droge nicht, seit er sie mit 17 probiert und den Rausch als unangenehm empfunden hat. Doch als sich das Leben seiner Freunde nur noch um die Droge dreht, lässt auch er sich darauf ein. Mit 26 ist er ein Junkie.

Mitte der neunziger Jahre erkrankt Kays Oma an Alzheimer. Da ihr Mann bereits seit einigen Jahren tot ist, zieht sie zu

VAMPYR.CE

einer Tochter, Kays Tante, und wird dort bis zu ihrem Tod gepflegt. Kay übernimmt ihre 84 Quadratmeter große Wohnung. Miete und Nebenkosten sind sehr günstig, aber trotzdem kaum erschwinglich für Kay, der Sozialhilfe bezieht. Das Sozialamt verlangt, dass er sich eine kleinere Wohnung sucht. Und die oft älteren Nachbarn stören sich an Kays Freunden, die vorübergehend oder dauerhaft in der Wohnung leben. Nach fünf Jahren muss er ausziehen.

Der Versuch, mit seiner langjährigen Freundin eine Bleibe zu finden, scheitert schon im Ansatz. Sie ist von ihm schwanger, aber Kay hat Angst. Er fürchtet, dass das Kind wegen seines Heroinkonsums krank zur Welt kommt. Bald darauf endet die Beziehung zu seiner Freundin. Sie nimmt keine Drogen und hat Kay jahrelang Rückhalt gegeben. Von da an geht es mit ihm steil bergab.

Eine Justizvollzugsanstalt hat er 1991, mit gerade 20 Jahren, das erste Mal von innen gesehen: neun Monate in Siegburg. 1996 wird er erneut inhaftiert, und von da an alle anderthalb bis zwei Jahre. Kay stiehlt und dreht krumme Geschäfte, um seine Sucht zu finanzieren. Zwar besucht er zwischendurch eine Therapieeinrichtung in Hagen und besteht sechs Monate ohne Heroin. Doch im anschließenden Nachsorgeprogramm betrinkt er sich – vier Wochen vor Ende der Therapie – trotz Verbot mit einer Frau aus dem Heim und muss die Einrichtung vorzeitig verlassen. Er geht zurück nach Bottrop, und innerhalb kürzester Zeit hat das Heroin ihn wieder gepackt. Ende 2002 verliert er seine Wohnung, um für fast fünf Jahre keine mehr zu finden. Er wohnt bei Drogenkumpels oder im Gefängnis. Die Zeiten in Haft werden länger, die in Freiheit immer kürzer.

Zuletzt verbringt er bis Anfang 2006 18 Monate im Gefängnis, nachdem er erst bis Mitte 2004 eine zehnmonatige Strafe verbüßt hat. Dann beschließt er, noch in Haft, ganz neu anzufangen: Er zieht mit seinem Bruder in die Nachbarstadt, weg von der

Bottroper Drogenszene. Beide bemühen sich erfolglos um Maler- und Tapezierer-Aufträge. Zudem beantragt Kay die Aufnahme ins Methadonprogramm. Doch nach Jahren der Obdachlosigkeit, in denen er keine Sozialleistungen bezogen hat, ist er nicht mehr krankenversichert. Wieder in die Versicherung aufgenommen zu werden, erweist sich als gar nicht so einfach. Schließlich schafft es Kay ins Methadonprogramm. Heute senkt er sogar die Dosis der Ersatzdroge, und in drei Monaten will er ganz ohne sie auskommen.

Kay sitzt auf der Couch in seinem neuen Wohnzimmer, vor ihm steht eine dampfende Tasse Kaffee. Er überlegt, einen Computerkurs in der Volkshochschule zu belegen, denn außer einem Atari hat er noch keinen PC bedient. Auch „auf Schalke“ will er demnächst wieder vorbeischauen wie früher regelmäßig an Spieltagen. Er hat noch viel vor.

BERNHARD

geb. 1960 in Bochum

>> Mit 14 habe ich meine Eltern verlassen und bin mit dem besten Freund meines Vaters, einem Schausteller, von Kirmes zu Kirmes gezogen. <<

Eine Fontäne schießt aus dem offenen Ende der Leitung. Die Küche, in der Bernhard gerade noch Fliesen an die Wand geklebt hat, läuft langsam voll Wasser. Dabei hat er im Keller eigens ein Schild an den Haupthahn gehängt, als er ihn zugedreht hat. Das ist mal wieder typisch für seine unaufmerksamen Nachbarn.

Bernhard wächst in Bochum als der zweite von drei Söhnen auf. Mit 14 Jahren verlässt er das Elternhaus und zieht fortan mit dem besten Freund seines Vaters, dem Schausteller Petter, von Kirmes zu Kirmes. Landauf, landab stehen sie auf den großen Jahrmärkten. Der junge Bernhard hilft beim Auf- und Abbau und betreut die Geräte: zunächst den Autoscooter, dann den Musikexpress und später die „Petersburger Schlittenfahrt". Doch obwohl es auf den Jahrmärkten und Volksfesten immer bunt und lustig zugeht, sieht die Welt der Schausteller alles andere als farbenfroh aus. An keinem Ort kann Bernhard für längere Zeit bleiben. Auf langweilige Phasen, in denen es nichts zu tun gibt, folgen Stresszeiten, in denen er bis zu 20 Stunden am Tag arbeiten muss. Der ständige Rummel geht ihm mit der Zeit auf die Nerven, nach ein paar Jahren kehrt er zurück zu seiner Familie nach Bochum. Dort fängt er als Montagehelfer auf Baustellen an und lernt eine Frau kennen, mit der er sich nach kurzer Zeit verlobt. Der inzwischen 20-Jährige will heiraten, doch sie weigert sich. Bernhard ist darüber so verärgert, dass er mit seiner heimlichen Geliebten Helga durchbrennt und zu ihr nach Bottrop zieht. Kurze Zeit später heiraten sie, und Helga wird schwanger. Doch beide können sich nicht vorstellen, ein Kind großzuziehen – sie treibt ab.

Bernhard macht erste Erfahrungen mit dem Gefängnis. Weil er sich im Vollrausch nicht mehr beherrschen kann, muss er erst für einzelne Wochenenden in Arrest, später sogar für mehrere Wochen. Wieder in Freiheit bekommt Bernhard schnell eine Anstellung als Gabelstaplerfahrer im Lager von Nadler Feinkost in Bottrop. Dort fährt und stapelt er palettenweise Krabben-, Geflügel- und Eiersalate. Den Staplerschein hat er während der Haft gemacht.

1990 geht seine Ehe mit Helga in die Brüche. Sie streiten immer häufiger, bis die Reibereien zum Dauerzustand werden. Dennoch ist er völlig überrascht, als sie schließlich auszieht: Er geht wie jeden Sonntag angeln, doch bei seiner Rückkehr findet er eine leer geräumte Wohnung vor. Ein paar Tage später bekommt er Post von ihrem Anwalt: Sie will die Scheidung, er soll Unterhalt zahlen. So nicht, denkt Bernhard und schmeißt alles hin. Er kündigt Wohnung und Job, Geld ist bei ihm jetzt nicht mehr zu holen. Von nun an lebt Bernhard von Arbeitslosengeld und Schwarzarbeit. Er wohnt bei Freunden und trinkt mehr als früher. Immer wieder hat er Ärger mit Polizei und Staatsanwaltschaft wegen diverser Kleindelikte im Rauschzustand: Mal rauft er sich in der Kneipe, mal wird er betrunken am Steuer erwischt. Zwei Mal fliegt er wegen Schulden aus kurz zuvor gemieteten Wohnungen. Mehrfach muss Bernhard ins Gefängnis, weil er Geldstrafen nicht zahlen kann. Bei einem Tagessatz von 20 DM verbringt er für 600 DM Schulden einen ganzen Monat hinter Gittern. Draußen ist er ständig auf der Flucht vor der Polizei. Mehr als 20 Bagatelldelikte stehen inzwischen in seinem Vorstrafenregister.

Während eines zweitägigen Hafturlaubs schlägt seine Geliebte ihm die Hochzeit vor. Eigentlich hat Bernhard keine Lust auf eine zweite Ehe, weiß aber, dass sie sich verkürzend auf seine Haftdauer auswirkt. Sie heiraten noch am nächsten Tag, und Bernhard wird vorzeitig entlassen. Die Ehe hält nicht lange.

Bernhard trinkt immer noch. An Sylvester 2003 fährt er betrunken seinen alten BMW vor die Wand. Am Auto entsteht Totalschaden, doch Bernhard bleibt unverletzt, haut ab und betrinkt sich in seiner Stammkneipe. Er lässt ein Erinnerungsfoto knipsen. In der einen Hand hält er ein Pils, in der anderen das Nummernschild, das er als Andenken mitgenommen hat. Bernhard verliert seinen Führerschein endgültig und muss eine Geld-

strafe zahlen. Seitdem fährt er nur noch Mofa. Im Arbeitsleben kann er keinen Fuß mehr fassen. Er bekommt Arbeitslosenhilfe, später wird daraus Hartz IV. Seit zwei Jahren erhält er wegen seiner Trinkerei eine befristete Rente für Erwerbsgeminderte.

Seit Mai 2000 hat Bernhard wieder eine eigene Wohnung in Innenstadtnähe. 220 Euro warm zahlt er dafür. Die regelmäßig wechselnden Eigentümer kümmern sich nicht um den Zustand des Hauses und der Wohnungen – alles muss er selbst machen. Das kann Bernhard, denn er ist handwerklich begabt.

Im Winter 2005 lernt er Edelgard, genannt Eddi, kennen, die gerade ihren gewalttätigen Ehemann verlassen hat. Eddi wird Bernhards Lebensgefährtin und zieht in eine frei gewordene Wohnung in seinem Haus. Jetzt kann Bernhard zwei Wohnungen renovieren.

Bernhard kniet in Eddis Wohnung auf dem Boden und wischt das Wasser auf, das aus der Leitung gesprudelt ist. Noch immer steht es knöcheltief in der Küche. Mindestens drei Tage wird es dauern, bis Boden und Wände wieder ganz trocken sind. Vorher kann er hier nicht weiterarbeiten. Vielleicht wird er in der Zwischenzeit Eddis Bad und Wohnzimmer streichen. Die müssen schließlich auch noch auf Vordermann gebracht werden.

DANIEL

geb. 1978 in Geilenkirchen

>> Ich hatte nie ein richtiges Zuhause. Seit meinem zwölften Lebensjahr habe ich mit meinen Geschwistern im Heim gelebt, vorher bei meinen Großeltern. <<

Im Jobcenter hat Daniel ein Plakat gesehen: „Erntehelfer gesucht – jetzt bewerben." Ein zufriedener Saisonarbeiter steht auf einem Acker, stolz präsentiert er saftig-grüne Spinatblätter. Mit der Werbekampagne will die Arbeitsagentur deutsche Erwerbslose zur anstrengenden Feldarbeit motivieren. Daniel ist begeistert. Die Arbeit hat er schon einmal gemacht, und sie hat ihm gefallen. Zurzeit wird Spargel gestochen. Aufgeregt rechnet Daniel vor, wie viel Geld ihm das Erntehelferdasein im Monat bringen würde. Für den schüchternen jungen Mann, der sonst viel leiser spricht, klingt der Betrag hoch. Mehr als den Sozialhilfesatz hat er noch nie zum Leben gehabt. Daniel meldet sich sofort bei seiner Fallmanagerin im Jobcenter. Seit einigen Tagen ist er im Methadonprogramm, hoch motiviert und bereit für einen Neuanfang. Es ist nicht sein erster Versuch, vom Heroin wegzukommen.

Daniels Leben ist alles andere als in geregelten Bahnen verlaufen. Ein stabiles Zuhause hat er nie gehabt. Nach einer kurzen Affäre trennen sich die Wege der Eltern, Daniel lebt bei den Großeltern. Mit zwölf beginnt für ihn und seine beiden Geschwister eine Tour durch verschiedene Kinderheime in Münster, Düsseldorf und Witten. Er besucht drei Hauptschulen, um nach der neunten Klasse frustriert und ohne Abschluss aufzugeben.

Doch er hat Glück: Das Jugendamt vermittelt ihn auf einen Bauernhof in Portugal. Dort wohnt er bei Pflegeeltern, einem deutschen Hippie-Paar, das er bald ins Herz schließt. Das Leben auf dem Land ist beschwerlich: Es gibt keinen Strom, kein fließend Wasser. In der sengenden Hitze wird die Landarbeit zur Qual, aber Daniel findet Gefallen daran. Es bereitet ihm Freude, Gurken, Tomaten und Orangen zu ernten und Ziegen zu hüten. Eine Zeit lang ist er glücklich, dies sind die besten Jahre seiner Jugend sein. Sein Pflegevater lehrt ihn, wie man Steine poliert und schleift. Daraus fertigen sie schlichten, aber schönen Schmuck und verkaufen ihn an Touristinnen. Nach zwei Jahren läuft die Maßnahme aus, Daniel muss zurück. Er wäre gern geblieben.

Bis zu seinem 20. Geburtstag lebt er erneut zwei Jahre in einem Heim, diesmal in Wuppertal. Dann vermittelt man ihm die erste eigene Wohnung. Doch die neue Selbständigkeit überfordert ihn. Nie zuvor brauchte er sich um die Miete oder um die Gebühren für Strom, Wasser und Telefon zu kümmern. Jetzt muss er alles allein regeln. Rechnungen stapeln sich, Daniel häuft Schulden an. Nach kurzer Zeit fliegt er raus und zieht zu seiner Freundin Angelique nach Bottrop. Sie sorgt dafür, dass ihrer beiden Rechnungen bezahlt werden.

Zu diesem Zeitpunkt sind Angelique und Daniel heroinsüchtig. Gemeinsam wollen sie von der Droge wegkommen. Doch während sie den Ausstieg schafft, bricht er die Therapie ab. Dieser Belastung hält ihre Beziehung nicht stand, Angelique trennt sich von Daniel. Nun ist er erneut ohne Bleibe, mal nimmt ihn sein Onkel für zwei Tage auf, mal kommt er drei Nächte bei Freunden unter.

Daniel gibt sich nicht geschlagen. Nach einer erneuten Entgiftung schafft er den Hauptschulabschluss – aber noch hat er die Sucht nicht überwunden. Das Heroin packt ihn wieder, und er landet zwei Mal im Gefängnis: vier Monate in Gelsenkirchen und sechs Monate in Wuppertal.

Heute lebt er seit etwas über vier Jahren in einer betreuten Zweier-WG. Spiderman, E.T. und diverse Hip-Hop-Stars prangen an den Wänden seines kleinen Zimmers. Der Raum platzt aus allen Nähten. Ein Lenkdrachen aus der Kindheit schwebt von der Decke, daneben thront eine X-Box auf dem alten Fernseher. Daniel spielt für sein Leben gern Videospiele, sein Zimmer hält er ständig abgedunkelt, damit die Sonne ihn dabei nicht blenden kann. Gut zwei Dutzend Videospiele stapeln sich auf Boden, Fernseher und X-Box: „Dead or Alive 3", „Medal of Honor", „Knights of the Old Republic". Quer durch den Raum hat er eine

E.T.
RAP DOLLAR
SONY

Wäscheleine gespannt, auf der seine nassen Klamotten trocknen. Gesellschaft leisten ihm seine Ratten. Auf der Kommode, die er aus dem Sperrmüll gefischt hat, stehen zwei große Käfige. Bis vor kurzem haben darin zwei Tiere gelebt, jetzt sind es sechs, über Nacht hat Rattendame Trienchen vier Junge geworfen.

Daniels größter Traum: ein normales Leben. Er will arbeiten, den Führerschein machen, irgendwann einmal heiraten und zwei Kinder großziehen. Nach der letzten Entgiftung hat er sich deshalb um die Aufnahme ins Methadonprogramm bemüht. Der Einsatz auf dem Spargelfeld soll ihn seinem Ziel einen Schritt näher bringen. Mit dem Geld, das er bei der Ernte verdient, will er eine Tätowiermaschine erwerben und sich selbständig machen. Günstige Maschinen sind schon ab 400 Euro zu haben, in einem Essener Geschäft hat Daniel vorsorglich eine zurücklegen lassen. Geübt hat er schon – die zahlreichen Tattoos auf seiner Haut hat er sich selbst gestochen.

GÜNTHER

geb. 1932 in Essen

>> Nachdem mein Vater sich zur Waffen-SS gemeldet hatte, konnte unsere Mutter allein nicht mehr für uns drei Geschwister sorgen. So kam ich mit sechs ins Heim. Dort setzte es ständig Prügel. <<

Nervös und voller Anspannung sitzt der kleine alte Mann vor seinem Schreibheft. Er will seine Geschichte zu Papier bringen, will ein Buch schreiben. Denn in seinem 76-jährigen Leben ist viel geschehen – auch Schlimmes. Immer wenn er sich daran zurückerinnert, kommen ihm die Tränen und eine unerträgliche innere Unruhe übermannt ihn. Um sich abzulenken, steht er dann auf, spielt einige Töne auf der Orgel, dreht den Regler der Stereoanlage hoch oder schlüpft in ein Clownskostüm aus seiner Zeit beim Zirkus, nur um es sogleich wieder auszuziehen.

Kurz vor der Machtergreifung der Nazis wird Günther in der Ruhrgebietsstadt Essen geboren. Sein Vater Paul ist Hilfsarbeiter, seine Mutter Hemdennäherin. Nachdem der Vater sich freiwillig zur Waffen-SS gemeldet hat, schafft die Mutter es nicht mehr, für ihre drei Kinder zu sorgen, und 1938 steckt das Jugendamt die zwei Jungen und das Mädchen in unterschiedliche Kinderheime. Den sechsjährigen Günther verschlägt es ins rheinland-pfälzische Neuwied, knapp 150 Kilometer weg von zuhause. Dort führen Nonnen mit langen, schwarzen Kutten und ein Pastor – alle ohne erzieherische Ausbildung – ein strenges Regiment. Die Schwestern nehmen Günther Kleidung und private Dinge ab und stecken ihn in Anstaltskleidung. 500 Kinder leben im Heim, jeden Morgen müssen sie vor dem Pastor strammstehen. Für einen losen Knopf an der Jacke oder Dreck unter den Fingernägeln setzt es Prügel. Im Schulunterricht beantworten die Lehrerinnen Fehlverhalten durch Schläge mit dem Stock.

Bei Fliegeralarm suchen die Kinder im Keller Zuflucht, mit jeder hörbaren Detonation in der Nähe wächst ihre Furcht. Eines Tages suchen drei Gestapo-Männer den Zwölfjährigen auf. Der Junge fürchtet um sein Leben, denn die anderen Kinder haben gesagt, dass er mit seinem polnischen Nachnamen auf der Hut sein müsse. Die Uniformierten wollen wissen, wo sich sein Vater befindet. Der hat nach sieben Jahren bei der Waffen-SS Fahnenflucht begangen, ihm droht die Todesstrafe. Jahre später erfährt Günther, dass sein Vater sich in den letzen Kriegsmonaten erfolgreich verstecken konnte und seine Mutter durch eine Fliegergranate schwer verletzt wurde, aber überlebte.

1947 vermittelt der Pastor den 14-Jährigen als Knecht zu einem Bauern nach Montabaur im Westerwald. Doch zuerst muss Günther wieder zu Kräften kommen, denn er ist abgemagert und schwer krank. Er hat die Ruhr und verträgt die Bauernkost nicht. Langsam päppelt ihn die Bäuerin wieder auf. Das Leben auf dem Hof ist anstrengend: Der Junge muss bei der Ernte helfen, Tiere füttern, Kartoffeln auflesen, Heu stapeln. Dafür behandeln ihn die Bauern fast wie ihren eigenen Sohn. Eines Tages, als Günther zum ersten Mal den Traktor fährt, gerät er bergab ins Schlingern. Das Fahrzeug überschlägt sich und bleibt mit Totalschaden liegen. Günther ist unverletzt, hat aber Todesangst vor der Strafe des Bauern. Er packt seine Sachen und verschwindet.

Nach 20 Jahren kehrt der 27-Jährige voller Heimweh 1959 zurück nach Essen. Seine Eltern sind inzwischen geschieden, und Günther traut sich nicht, den Kontakt herzustellen. Er wohnt bei seiner Tante und arbeitet zunächst in der Kokerei auf Zeche Helene, kratzt Asche und verlädt Koks. Später bedient er Betonmischer und Aufzug auf einer Baustelle in Hagen. Am Porscheplatz in Essen entdeckt er den Aushang eines Schaustellers: „Junger Mann zum Mitreisen gesucht". Günther meldet sich und arbeitet des Öfteren auf den Jahrmärkten in der Umgebung. Meist aber sortiert er auf dem Hof eines Schrotthändlers Altmetalle. Die Tante setzt ihn nach einiger Zeit vor die Tür, weil er zu wenig Geld zur Haushaltskasse beisteuert. Günther kommt in der Laube einer Schrebergartensiedlung unter und erledigt im Gegenzug Gartenarbeiten in der Kolonie.

Mitte der sechziger Jahre lernt er Vera auf der Kirmes kennen, die in einem Kinderheim in Wuppertal lebt. Immer wenn sie ausbüchst – und das macht sie häufig –, findet sie Unterschlupf in Günthers Laube. Das frisch verliebte Paar verbringt

aufregende Nächte in der Holzhütte. Irgendwann informiert ein Nachbar die Polizei, denn Vera ist erst 19 und damit nicht volljährig. Die Ausreißerin muss zurück ins Heim und Günther die Laube verlassen. Was der 34-Jährige nicht weiß: Vera erwartet ein Kind von ihm. Davon erfährt er erst, als sie ihm kurz nach der Entbindung schreibt. Günther macht sich gleich am nächsten Tag auf nach Wuppertal, wo er erfährt, dass Vera wieder bei ihrer Mutter lebt. Dort wird er beschimpft, weil er eine Minderjährige geschwängert hat. Vera sieht er nur noch ein einziges Mal – beim Unterhaltsprozess, sein Kind wird er niemals zu Gesicht bekommen.

Günther steigt jetzt ganz ins Kirmesgeschäft ein und zieht die nächsten 15 Jahre mit den Schaustellern durch die Lande. In der Sommerzeit lebt und arbeitet er auf Jahrmärkten, die Winterpause verbringt er zumeist in stationären Einrichtungen der Wohnungslosenhilfe. Als 1982 das von ihm betreute Fahrgerät kaputt geht, beendet Günther seinen Job auf dem Rummel.

Schnell findet er eine neue Anstellung, Kost und Unterkunft inklusive, und zieht mit einem Zirkus durch Deutschland. Er füttert die Tiere, heizt die Öfen der Artisten an und hilft beim Auf- und Abbau der Zelte. Nach zweieinhalb Jahren hört er auf, lebt fortan bei Freunden und Bekannten und für einige Jahre auch in einer heruntergekommenen Obdachloseneinrichtung in Essen.

Während er in der zweiten Hälfte der Achtziger einige Jahre als Pflegehelfer im Krankenhaus arbeitet, wird er in der ersten Hälfte der neunziger Jahre Hilfsarbeiter im Lager von Karstadt in Essen. Dort sammelt, zerlegt und presst er die Verpackungspappen, bis ihn ein Arbeitskollege fragt, ob er nicht beim Umbau eines Hauses in Bottrop helfen wolle. Günther arbeitet emsig auf der Baustelle und im Garten. Im Keller des Hauses schlägt er für eine Weile sein Quartier auf, bis ihm sein Auftraggeber eine Souterrainwohnung in der Nachbarschaft vermittelt. Doch weil das Geld vom Amt nicht reicht, macht er Strom- und Mietschulden und nimmt die Hilfe der Beratungsstelle für Menschen in Wohnungsnot in Anspruch. 1997 ist der Umbau des Hauses abgeschlossen und Günther hat das Rentenalter erreicht.

2005 stirbt sein Vater in hohem Alter. Die Mutter ist schon lange tot, und seine Geschwister hat Günther seit 60 Jahren nicht mehr gesehen, obwohl sie noch immer in der Nachbarstadt Essen wohnen.

Das Trauma seiner unbarmherzigen Jugendjahre im Heim hat Günther bis heute nicht überwunden. Seine Lebensgeschichte hat er immer noch nicht zu Papier gebracht, das Schreibheft liegt seit vielen Jahren im Schrank. Nicht ein Wort hat er in all der Zeit geschrieben. Günther hat einen großen Traum: Er will Alleinunterhalter werden – in Festzelten, auf Pfarrfesten und in Diskotheken.

EVANGELISCHE SOZIALBERATUNG BOTTROP

Hilfe für Menschen in Wohnungsnot

Printus

Bundessozialhilfegesetz · 6. Auflage
Lehr- und Praxiskommentar (LPK-BSHG)
Band 4 Arbeitslosenprojekt TuWas Leitfaden zum Arbeitslosengeld II 3. Auflage
SGB
Leitfaden Alg II / Sozialhilfe von A-Z
Leitfaden Alg II / Sozialhilfe von A-Z

WIR ÜBER UNS

Die Evangelische Sozialberatung Bottrop (ESB) ist eine Beratungsstelle für Wohnungslose und von Wohnungslosigkeit bedrohte Menschen. Wir bieten seit 1986 soziale Beratung und persönliche Hilfe in sozialen Schwierigkeiten. Unsere Aufgabe ist es, Lebensverhältnisse zu stabilisieren, dauerhafte Wohnlösungen zu finden und abzusichern. Wir wollen erreichen, dass wohnungslose Menschen wieder aus eigener Kraft am Leben in der Gesellschaft teilnehmen können.

Unsere offene Beratung kann ohne Anmeldung, kostenlos und unabhängig der Konfession in Anspruch genommen werden. Bei Bedarf bieten wir eine längerfristige, persönliche Hilfe zur Bewältigung umfassender Problemlagen.

PRAKTISCHE HILFE

Unser Team leistet praktische Hilfe: Wir helfen, Mietverhältnisse zu sichern und eine Wohnung zu finden. Dazu unterhalten wir auch eigene Unterbringungsmöglichkeiten in fünf Wohngruppen mit zehn Plätzen.

Wir helfen bei der Regulierung von Schulden oder der Einkommenssicherung. Wir beraten zu Rechten und Pflichten bei Sozialhilfe, Arbeitslosengeld I und II (Hartz IV) und anderen Sozialleistungen und helfen, diese Rechte durchzusetzen. Zudem klären wir die berufliche Situation und unterstützen bei der Suche nach Arbeit und Beschäftigung. Menschen ohne eigenes Konto bieten wir unsere freiwillige Geldverwaltung an.

Wir sichern die Akutversorgung bei Krankheiten und bieten Rat bei Suchtproblemen. Seit dem Winter 1993/94 versorgen wir in unserer Suppenküche „Kolüsch" saisonal von Mitte Dezember bis März bis zu 100 wohnungslose und arme Menschen in Bottrop.

POLITISCHE ZIELE

Ziel unserer Arbeit ist die Verwirklichung des Rechts auf Wohnraum.

Deswegen setzen wir uns vor Ort in kirchlichen und kommunalen Arbeits- und Gesprächskreisen für die Interessen armer und ausgegrenzter Menschen ein. Mit unserer Presse- und Öffentlichkeitsarbeit machen wir auf das Problem der Wohnungsnot aufmerksam und wollen Vorurteile abbauen.

Wir sind eine Einrichtung der Evangelischen Kirche in Bottrop. Gesetzliche Grundlage unserer Arbeit ist §§ 67ff. SGB XII.

EVANGELISCHE SOZIALBERATUNG BOTTROP (ESB)

Hilfe für Menschen in Wohnungsnot

Kirchhellener Str. 62a
46236 Bottrop
Telefon: (02041) 28038
Telefax: (02041) 180494
E-Mail: sekretariat@esb-bottrop.de
Web: www.esb-bottrop.de

KOLÜSCH – DIE SUPPENKÜCHE

Mahlzeiten für Wohnungslose und Bedürftige

KOLÜSCH
DIE SUPPENKÜCHE
Mahlzeitendienst für
Wohnungslose und Bedürftige

MAHLZEITEN FÜR WOHNUNGSLOSE UND BEDÜRFTIGE

Die Evangelische Sozialberatung Bottrop (ESB) betreibt seit 1993 jeden Winter die Suppenküche Kolüsch. Wohnungslose und arme Menschen in Bottrop erhalten hier in der kalten Jahreszeit ein kostenloses warmes Mittagsessen. Bei Bedarf stehen Sozialarbeiter/innen mit Rat und Hilfe zur Verfügung und bieten Unterstützung bei Problemen. Ehemals Wohnungslose helfen ehrenamtlich beim Eindecken, bei der Essensausgabe, beim Spülen und Aufräumen.

UNSERE GÄSTE

Unser Angebot richtet sich an Menschen in Not: Wohnungslose, Alleinstehende, vereinsamte Menschen, alleinerziehende Mütter mit ihren Kindern, Rentnerinnen und Rentner mit geringen Einkünften, Menschen mit Suchterkrankungen oder psychischen Problemen. Gemeinsam sind ihnen Hunger, Armut und Unterversorgung. Wir bemühen uns in unserer Suppenküche um eine restaurantähnliche Atmosphäre. Auf liebevoll gedeckten Tischen und mit freundlichem Service bieten wir als etwas anderes Restaurant unseren Gästen werktäglich einen wechselnden Mittagstisch.

DAS BOTTROPER RESTAURANT DES HERZENS

Unser Vorbild ist der französische Komiker Michel Coluche. Im kalten Winter 1985/86 initiierte er in Frankreich die „Restaurants du Cœur", deutsch „Restaurants des Herzens", in denen Wohnungslosen und Bedürftigen Mahlzeiten serviert werden. Michel Coluche starb 1986 im Alter von 41 Jahren an den Folgen eines Motorradunfalls, doch seine „Restaurants des Herzens" leben weiter – auch in Bottrop. Ihm zu Ehren haben wir unsere Suppenküche nach ihm benannt: „Kolüsch" ist „Ruhrgebietsdeutsch" für Coluche.

KOLÜSCH – DIE SUPPENKÜCHE

Mahlzeitendienst für Wohnungslose und Bedürftige
saisonal von Mitte Dezember bis Mitte März
werktags von 12.30 – 14.00 Uhr
wechselnder Mittagstisch
www.koluesch.de

DIE AUTOREN

Christian Schöder, Wolfgang Kutta, Guido Frebel

CHRISTIAN SCHRÖDER

Jahrgang 1979, arbeitet bei der Evangelischen Sozialberatung Bottrop (ESB) und promoviert zu lokalen Sozial- und Beschäftigungspolitiken an der Freien Universität Berlin.

WOLFGANG KUTTA

Jahrgang 1952, ist Diplom-Sozialarbeiter und seit 1983 in der Wohnungslosenhilfe tätig. Seit 1986 leitet er die Evangelische Sozialberatung Bottrop (ESB).

GUIDO FREBEL

Jahrgang 1966, arbeitet seit 1991 als freier Fotograf und ist Mitglied der Lichtblick-Bildjournalisten in Bochum (www.lichtblick-fotos.de).